가족습관

가족이 알아야 할 더 중요한 것들

가족습관
가족이 알아야 할 더 중요한 것들

2019년 6월 15일 초판 인쇄
2019년 6월 20일 초판 발행

지은이 | 이호선
교정교열 | 정난진
펴낸이 | 이찬규
펴낸곳 | 북코리아
등록번호 | 제03-01240호
주소 | 13209 경기도 성남시 중원구 사기막골로 45번길 14
우림2차 A동 1007호
전화 | 02-704-7840
팩스 | 02-704-7848
이메일 | sunhaksa@korea.com
홈페이지 | www.북코리아.kr
ISBN | 978-89-6324-642-0 (03190)

값 13,500원

이호선 지음

가족 습관

가족이 알아야 할 더 중요한 것들

북코리아

들어가는 말

가족은 신(神)의 개성으로 타오르는 거대한 불꽃, 곧 에너지 덩어리이다. 그 불 속에 어떤 가족은 서로를 태우고, 씻을 수 없는 마음의 화상을 입는다. 또 다른 가족은 서로를 씻기고 먹이기 위한 불로 가족의 에너지와 온도를 사용한다. 신이 준 창조적 불꽃, 즉 개성은 어떤 가족에게는 고통스러운 문젯거리가 되기도 하고, 또 어떤 가족에게는 유머의 근원이 되어 가족을 웃게 하고 기억을 넘어 역사를 이루는 거룩한 특성으로 남기도 한다. 천 개의 가족은 천 개의 에너지 덩어리를 가지며, 각각은 모두 서로 다른 온도를 갖고 특성도 제각각이다.

많은 사람이 상담현장을 찾아오고 대부분의 주제는 가족과 그 관계에 대한 깊은 상처의 역사로 이야기를 시작한다. 20년 넘는 세월 동안 상담을 해오며 상담현장에 떨어진 가족에 대한 단어들을 엮어내어 가족이 무엇인가를 정의해보라고 하고 이를 비유해보라면 찢어진 조각으로 잇대어놓은 누더기 퀼트 같고, 간신히 붙어 있는 팔다리에 헐벗은 인형과 같다. 가족들이 상담 현장에 와서 '가족이 무엇인가?' 물으면 서로 다른 단어를 섞어 가며 도달하는 결론은 '가'면 갈수록 '족'쇄가 되는 사람들로 귀결되는 경우가 많으니, 우리는 어쩌면 상처 주기로 마음먹고 평생을 살아가는 사람들이 아닌가 싶다.

이 책에 실린 글들은 모두 다 겉으로라도 화목해 보였으면 좋겠다는 힘들었던 가족들에게 전하고픈 이야기, 안쪽까지 행복해질 수 있는 핏줄들의 이야기들을 적었다. 누더기 퀼트가 치유의 현장에서 어떻게 작품으로 재탄생할 수 있는지, 죽어가는 인형이 어떻게 살아 움직이는 사람의 모습으로 삶을 재경험할 수 있는지를 다짐과 제안의 깁스를 대고, 돌봄과 쓰다듬는 주제의 도가니 속에 가족들의 상처를 녹여 새로운 가족이 되기로 마음먹는 이들에게 도움을 드리고자 했다. 여기의 글들 중 가족에 대한 이야기, 그리고 여성이자 엄마들의 이야기는 주로 2016년 《위민넷》과 2018년 《비상교육》에 게재했던 칼럼들과 새로운 글들을 함께 실은 것이다. 남편이자 아버지로 살아가는 가장들의 이야기는 2014년부터 게재했던 월간《아버지》에 실었던 글들을 좀 더 다듬고 주물러 완성도를 높이고 다른 글들을 더 넣었다.

각자 신의 불꽃을 가진 개성 있는 가족들의 이해할 수 없는 삶의 양태는, 풀리지 않고 다음 생애까지 이어질 고민과 고통의 주제일 수 있다. 그러나 각자 다른 가족의 간격은 서로를 견지할 수 있는 심리적 거리가 되고, 가장 멀게 느껴지는 세월의 의미는 가족의 시야를 뜨거움에서 견딜 수 있는 온도로 내리는 자동 온도계 역할을 한다. 우리는 가족을 가장 사랑하고 또 가장 미워한다. 그러나 사랑의 거울로, 그리고 미움의 거울로 서로를 비추고 있다면, 서로를 가장 아름답게 변화시켜야 할 사람들도 바로 가족 아닐까.

이 책을 세상에서 가정을 가장 아름다운 생명 정원으로 만들고자 애쓰는 세상의 모든 아버지와 어머니, 그리고 가족들에게 바친다.

2019년 4월 익선동 연구실에서

이호선

CONTENTS

2 부모와 자녀, 두 개의 인류

CONTENTS

3 엄마, 두 개의 심장을 가진 자

4 아버지, 그리움과 경멸의 두 얼굴

1

가족,
두 개의
거울

결혼은 사고인가?

루브르박물관이 작품을 사들인 첫 남미 화가 프리다 칼로는 이렇게 말했다.

"내 인생에 두 번의 대형사고가 있었다. 하나는 전차 사고이며, 다른 하나는 디에고이다." 여섯 살에 척추성 소아마비를 앓고 열여덟 살에 타고 가던 버스가 전차와 충돌하면서 강철봉이 척추와 골반을 통과하여 대퇴골과 갈비뼈가 부러지고 골반은 세 군데, 왼쪽 다리는 열한 군데가 골절되었고, 오른쪽 발가락을 절단하고 이후 무릎 아래도 절단하게 된 프리다 칼로는 평생 일곱 번의 척추수술을 포함하여 총 32회의 수술을 받고 결혼생활 동안 세 차례의 유산을 겪는다. 이게 무슨 일인가 싶지만, 그녀의 고백에 따르면 그에 준하는 사고가 바로 '결혼'이다.

스물한 살 연상의 멕시코 미술의 거장 디에고 리베라에게

첫눈에 반해 결혼까지 이르렀으나, 연인을 넘어 정신적 우상이었던 디에고는 수많은 여인과 바람을 피웠고, 심지어 프리다 칼로의 여동생과도 사귀었다. 아내 입장에서 보자면 참으로 '나쁜 놈'이었다. 그러나 칼로에게 디에고는 통증이자 소망이었기에 놓기에는 너무 사랑했고, 사랑하기에는 너무나 나쁜 남자였다.

미국의 가수 마돈나도 많은 영향을 받았다고 말하는 프리다 칼로는 그림과 그녀의 삶이 하나의 심장처럼 뛴다. 작품마다 남편에 대한 간절함이 빛과 색으로 드러나고, 소품과 주제가 하나의 '간절함과 아쉬움'으로 채워진다. 마치 우리의 결혼처럼.

"저 인간을 만나면서 내 인생이 꼬였어"라고 말하는 사람들이 종종 있다. 아마 그 말이 맞을 것이다. 이런 고백을 할 때는 그만한 삶의 여정이 있었을 테니 그들의 해석에 누구도 첨언할 수 없다. 나도 강의를 다니며 "모든 관계는 사실(fact)이 아니라 해석(interpretation)"이라 늘 말하고 다니긴 하나, 이들의 해석에는 숱한 사실들이 조개 무덤처럼 쌓여 있다. 그러니 해석은 늘 적분(積分)인 셈이다. 작은 사실의 조각이 쌓여서 현상이 되고 이 현상에 대해 그 사실의 주인인 부부가 적극적으로 현상을 해석하게 되니, 결혼생활은 확실히 감정의 적분이자 사실의 묶음이라 할 만하다.

우리가 이 결혼이라는 사실 무덤의 시작을 '인생이 꼬여서

프리다 칼로. 〈디에고와 나〉.
1949. 캔버스에 유화. 29.5×22.4cm. Mayr Anne Martin Fine Arts, New York, U.S.A.

생긴 사고(事故, accident)'라고 부르나, 사실 정작 결혼 '이야기'를 펼쳐보면 그야말로 이야기 창고, '사고(史庫)'이다. 부부의 이야기를 듣다 보면 역사도 그런 역사가 없고, 스토리도 그런 스토리가 없다. 같은 아파트에 살아도 집집마다 쌓아놓은 역사적 이야기들이 죄다 다르고, 쌍둥이라도 그들만의 인생단어는 서로 어쩌면 그리 다른지 부부의 이야기는 그야말로 요지경이다.

그렇게 서로 다른 이야기의 집합체이자 가족 역사의 총체인 부부가 상담현장에 오면 "저 인간 때문에 내 인생이 꼬였다"고 입을 모아 말한다. 다른 역사에 대한 같은 고백인 셈이다. 역사가 다르면 고백도 다르련만, 수만 개의 역사들이 모이기만 하면 하나의 입이 된다. 왜 우리에게 결혼은 '사고(史庫)'가 아니라 '사고(事故)'라는 고백이 될까?

생각보다 이유는 간단하다. 답은 고백의 순간, 그 타이밍에 있다. 우리는 어느 시점에 고백하는가에 따라 서로 다른 고백을 하게 된다. 사실 부부마다 상담자에게 와서 이야기를 할 때 그 고백이 고통인 이유는 '고통의 타이밍'에 오기 때문이다. 그리고 놀라운 것은 '고백'의 타이밍은 다른 순간에는 거의 없고 딱 두 순간, 즉 하나는 사랑의 첫 노출인 '사랑 고백'의 순간과 일상의 지속적인 다툼인 '미움 고백'의 순간이다. 사랑은 짧고 다툼은 잦으니, 미움의 고백은 매우 반복적일 수밖에 없다. 아시다시피

상담현장에 오는 이들은 미움 고백의 종지부를 찍으러 오는 사람들은 많지 않다. 도리어 미움 고백이 사랑 고백으로 '변화'했으면 하는 바람의 창문을 열려는 사람들이 마지막 희망을 안고 상담현장에 온다.

결혼을 '사고(事故)'라고 말하는 사람들에게 나는 결혼의 창고인 '사고(史庫)'를 열어 보여준다. 그 이야기 창고를 열어야 비로소 창고 안쪽에 있던 사랑 고백이 나타난다. 그러니 어쩌면 '사고(事故)'라고 말하는 순간이 '사고(史庫)'를 여는 타임캡슐이 열리는 시간이라고 봐야 할 것이다. 일단 부부의 역사창고가 열리는 순간부터 부부는 새로운 고백을 시작한다. 마치 판도라의 상자가 열리듯, 해묵은 고통과 설움의 길을 지나 처음 그 가슴 떨리던 첫사랑의 고백을 보게 된다. 가장 오래되고 가장 바닥에 있던 인생 보물이 가장 마지막에 나타나며, 고통의 고백은 다시 탄성과 절정의 고백으로 이어진다. 고백과 다짐의 이야기는 다시 역사창고의 잠금쇠가 되어 사랑의 고백을 확인한 부부의 손을 마주 잡게 하는 아교가 된다.

프리다 칼로가 만났던 두 번째 대형사고인 남편 디에고는 그녀의 그림창고에 들어 있던 그림역사의 자리마다 나타난다. 칼로의 그림역사 창고를 열면 그녀의 남편은 그리움으로, 끝없는 갈구로, 한없는 사랑으로 그녀의 품에 있다. 그녀가 말한 마지막 사고(事故)인 남편은 사실 그녀의 사고(史庫)였고, 그 가장 깊은 곳에 있는 사랑의 고백이었다. 김광석이 부르는 "너무 아픈 사랑은 사랑이 아니었음을"이라는 내용을 기억하나, 그 노랫말의 역사는 사랑이었다. 결혼이 사고(事故)라는 생각이 들거든 우리 부부의 이야기, 그 역사의 창고인 사고(史庫)를 열어보자. 결혼식 사진부터 아이들의 백일잔치, 장마철에 이사하다가 빗물에 일부가 너덜거리는 가족사진을 보자. 그 기억의 안쪽으로 걸어들어 갔다가 나오며 우리는 이렇게 읊조리게 될 것이다. "에고, 그 인간 올 시간 됐네. 장을 뭘 보나. 김치찌개나 할까!"

가족 냄새

한때 "터치 바이 터치~ 스킨 투 스킨~" 이런 가사가 들어간 노래가 꽤 인기가 있었다. 우리의 마음과 마음이 만나고 접촉하면서 우리의 사랑은 커진다는 내용의 노래였는데, 요즘은 사람 간 터치, 사람과 하는 스킨 투 스킨은 좀 다른 의미가 되었다. 요즘은 동물이 대세다. 애완견, 애완묘, 반려동물이 다섯 집 중 한 집에는 산다니, 바야흐로 동물이 대세다. 산책을 가도 송아지만 한 개부터 손바닥만 한 개까지 종류도 다양한 네 다리 친구들이 목줄을 하고 주인을 지킨다. 터치는 동물에 대한 터치이고, 스킨은 개나 고양이의 피부를 말하는 세상이 되었다.

사실 요즘만 동물이 대세는 아니었다. 과거에도 동물은 대세였다. 들어봤을 만한 욕에는 늘 '개' 자가 들어 있고, 욕마다 동물의 흔적이 가득하다. '개' 자가 들어간 욕이 요 몇 년 사이에

갑자기 생겨난 것이 아니고 오랜 세월 구전되어 작금에 이르렀으니, '개'와 함께한 욕의 역사는 참으로 길다. 그런데 어쩌다 애꿎은 개가 욕의 역사에 오르게 되었을까? '개만 못하다'라는 말을 요즘 개호텔에 개납골당까지 있는 시대에 개가 들으면 참으로 불쾌하겠지만, 여하간 인간이 못난 것의 기준은 역시 '개'였다. 과거에는 주로 욕의 주제로 언급되던 개에 대한 대접은 완전히 달라졌다.

그런데 개와 사람의 관계를 들여다보면 참으로 놀랍다. 이미 8천 년 전 미라 옆에도 개가 있었고, "서당 개 3년이면 풍월을 읊는다"니 조선시대 서당에도 개가 있었다. 주인을 살려 역사책에 오른 개도 있었고, 전설이 동상이 되어 마을을 지키는 개도 있다. 이제는 멀리 무덤이나 서당이 아니라 안방을 휘저으며 주인의 희로애락의 대상이 된 '개'가 사람의 삶 안쪽으로 쑥 들어왔다.

혼자 사는 이들의 혼자놀이 문화가 일상화되면서 혼밥(혼자 밥 먹기), 혼영(혼자 영화 보기), 혼술(혼자 술 먹기) 등 혼놀(혼자 놀기)이 대세다. 세상이 바뀌면서 혼자 밥 먹고, 영화 보고, 술 마시고, 혼자 노는 이들 곁에는 어느덧 사람이 아닌 개나 고양이가 함께하는 세상이 되었다. 교감하고 소통하는 데 대한 갈망, 그 인간적인 갈망을 앞에 두고 우리는 이제 개와 말하고, 고양이와 끌어안는 날을 맞았다. 개나 고양이와 함께 살아가고 희로애락을 함께한다 해서 그게 뭐가 문제이겠는가?

개와 고양이가 좋아서 이들이 반려자가 되는 세상의 이면에는 개만도 못한 사람이 있었을 것이고, 고양이만 못한 가족이 있었을 것이다. 믿을 수 없는 사람들의 심정적 고리에 개의 충성심이 연결되고, 돌봐야 하는 부담의 고리에 고양이의 독립성이 이어졌다. 나를 나무라지 않으면서 나에게 온도가 되어주고, 나와 함께 있으며 내게 치대지 않아 부담스럽지 않은 이 반려동물들은 혼자 밥 먹는 이들의 식사 파트너가 되고, 혼자 영화 보는 이들의 영화감상평 파트너가 되고, 혼자 술 먹는 이들이 끌어안고 자는 배우자가 되고, 혼자 놀아야 하는 이에게 공을 물어다주는 놀이상대이다. 이렇게 온도와 움직임이 있는 장면, 흔히 말하는 저녁이 있는 삶에는 사람이 아니라 동물이 있다.

개와 고양이의 보드라운 털과 정겨운 소리, 한결같은 반김은 외로운 이들의 이불이 되고 심리적 동반자가 되어준다. 참 고맙다. 외로움을 덜어주니 개, 고양이가 사람 목숨을 살리기도 한다. 그러나 기억할 것은 이불이 되어주는 개의 그림자에는 시달린 사람들의 배신의 그림자가 있고, 발에 감기는 고양이의 그림자 이면에는 오랫동안 지친 관계의 고통이 있다는 점을 말이다. 이제 '우리'는 사람과 사람의 조합이 아니라 사람과 동물의 조합이 되었다. 이제 '너희'도 사람과 사람의 조합이 아니라 사람과 동물의 묶음이 되었다. 최선이 아니라 차선을 선택하는 사람들에게는 좌절과 불안이라는 깊은 고뇌와 두려움이 있다. 동물에게 밀린 것일까? 아니다. 사람이 동물에게서 '사람됨'을 찾는 이 시대가 안쓰러울 뿐이다. 사람에 대한 불안으로 개에게 도피하고, 사람이 주는 부담을 잊기 위해 고양이를 선택한다면, 참 슬프지 않은가? 도피를 위해 개와 고양이를 선택하는 사람이나, 가짜대상으로 선택된 개 · 고양이나 불쌍하기는 매일반이다.

개는 사랑스럽고 고양이는 우아하다. 그들은 그냥 개, 그냥 고양이라 좋았으면 좋겠다. 대체재나 보완재가 아니라 그 자체라서 좋았으면 좋겠다. 개 냄새, 고양이 냄새가 아니라 사람 냄새가 좋았으면 좋겠다. 외로울 때 안기고, 그리울 때 찾아가는 사람이 있는 세상. 거기에서 우리는 가족 냄새, 친구 냄새, 연인의 냄새를 맡게 된다. 사람마다 모두 다른 냄새를 풍긴다. 따뜻한 냄새를 볼 수 있는 공감각이 사람들 사이에서 느껴지는 시작점, 그곳이 바로 가족이다. 가족 냄새를 맡아보자. 그리고 가족 냄새를 기억하자. 그리울 때 맡으러 가고, 외로울 때 떠올려보자. 가족 냄새를.

가족, 두 개의 얼굴

유독 게걸스럽게 먹는 사람들이 있다. 사실 내색이야 안 하지만 밖에서 같이 외식이라도 하려면 주변의 눈총을 이겨낼 극단의 용기가 있어야 그 사람과의 식사가 가능하다. 먹어도 너무 먹고, 먹으면서도 반경 1미터 이상 줄줄 흘리는 일을 빼놓지 않는다. 트림과 번잡함이란 이루 말로 할 수 없다. 이 사람의 이름은 자식이다.

이 세상에는 네 종류의 자식이 있다. 최고의 자식은 공부까지 잘하는 자식, 요즘말로 '엄친아(엄마친구아들)'다. 우리 집에는 '엄마친아들'만 있다는 사실이 아쉽다. 두 번째 자식은 공부는 좀 못해도 엄마 말은 잘 듣는 자식이다. 동네 엄마들 말을 들어보면 이런 자녀는 동네를 털어봐야 하나 둘 나온다. 세 번째 자식은 공부도 못하고 엄마 말 안 들어도 제 몸 하나는 건강한 자식이다. 건강하니 먹기는 엄청 먹는다. 물론 최악의 자식은 지 애비 닮은 놈이다!

아버지를 닮아서인지 온통 흘리면서 무지하게 먹는 자식을 보며 엉덩이를 두드려주는 건 강철핏줄 할머니와 할아버지뿐이다. 눈총을 주어도 그나마 눈치도 없는 애들을 키우다 보면, 음식을 먹지 않아도 어미의 가슴은 심리 고구마로 멘다.

그러나 차라리 먹는 자식이 낫다. 안 먹으면 그건 더 속 터질 일이다. 다이어트다 뭐다 해서 피골이 상접해가는 아이들을 보면 초딩 자녀부터 20대, 30대를 넘어선 성인자녀들까지 기약 없는 미모 앞에 자식 잡을까 걱정이다. 먹어도 고민, 안 먹어도 고민, 어려도 고민, 커도 고민이다. "가지 많은 나무 바람 잘 날 없다"는 어른들 말씀을 알고 "뿌리 깊은 나무 바람에 흔들리지 않는다"고 용비어천가를 부르지만, 가지도 하나 둘뿐인 내 나무는 바람이 없어도 흔들리고, 뿌리도 맨틀 아래까지 뻗은 것 같은데 여전히 흔들린다.

내 자식은 이래도 걱정 저래도 걱정이지만, 다른 자식은 이래도 기특 저래도 기특이다. 기특한 남의 자식을 보다가 줄줄 흘리며 밥을 두 공기째 퍼먹고 있는 내 자식을 보면, 이게 조상의 문제인지, 교육의 문제인지, 정말 부정하고 싶지만 내 문제인지 생각하게 된다. 시어머니는 "야, 우리 집에는 그런 일 없었다"고 말씀하시고, 내가 아는 우리 집에도 그런 그림은 없었는데, 내 앞에 펼쳐진 이 허망한 장면의 기원은 도대체 무엇이란 말인가!

기원은 늘 가까운 곳에 있다. 우리의 진화가 우리의 몸에 그대로 그 흔적으로 남듯, 아이들의 기원은 부모이다. 자기 뒤통수를 볼 수 없는 인간은 두 개의 거울을 갖게 되면서 자신의 뒷모습을 볼 수 있게 되었다.

모든 가족은 두 개의 거울을 가진다. 하나는 '배우자'라는 거울이고, 다른 하나는 '자녀'라는 거울이다. 배우자를 통해 내 욕망을 보고, 아이들을 통해 내 그림자를 본다. 또한 배우자를 통해 우리는 자신의 전면을 보게 되고, 아이들을 통해 볼 수 없던 나의 후면을 보게 된다. 가까이 볼 때 드러나는 기미와 주근깨는 전면의 배우자를 통해, 그리고 숨기고 싶었던 수많은 진실은 아이들을 통해 이내 폭로된다. 청동거울처럼 희미한 것도 아니고 적나라한 삼차원 3D 영상을 넘어 MRI 수준으로 일말의 여지도 없이 나를 보여준다. 이러려고 결혼하고 아이를 낳았던 것은 아닌데, 결국 그들은 나를 드러내고야 만다.

거울로 비치는 내 모습을 보며 절망스러운가? 오히려 신나지 않는가? 어찌 저리 정확한가? 어찌 저리 적나라한가? 부끄럽기도 하지만 웃기지 않은가? 저게 나라니! 귀여운 아이들의 정면이 나의 뒷모습이고, 남편의 정면이 나의 정면이라니, 참 재미있지 않은가? 아이들의 뒷모습이 달라진다면 나의 정면이 달라질 것이고, 남편의 정면이 달라진다면 나의 정면도 달라지지 않을까? 아가씨로 커가는 딸의 얼굴이 나의 나이 들어가는 뒷모습이라면, 청년으로 커가는 아들의 표정이 나의 모습이라면, 오히려 여기는 가능성의 땅이 아닐까?

가지 적은 나무의 흔들림, 뿌리 깊은 나무의 불안은 오히려 역전의 기회가 될지도 모르겠다. 가지 적은 나무의 흔들림은 곧 몸통의 흔들림이고, 뿌리 깊은 나무의 불안은 뿌리의 문제일 수도 있다. 아이들의 게걸스러운 정면이 아니었다면 나의 무거운 뒤통수를 보지 못했을 것이다. 남편의 정면이 아니었다면 나의 부끄러움은 그저 부끄러움으로 끝났을 것이다. 가족에게서 보았던 나의 불편은 늘 나를 위한 성찰이 되고, 배우자에게 보았던 아쉬움이 나의 각성 돋보기가 된다.

현실이 가장 절실한 미래이다. 가족은 실망의 대상이 아니라 늘 관찰의 대상이다. 그들을 관찰해야 내가 보이고, 내가 보여야 가족의 미래가 만들어진다. 가족은 서로를 보는 거울이고, 서로에게 보이는 미래이다. 거울을 보자. 가족을 보는 자리가 나를 비추는 자리가 될 것이고, 나를 보는 자리가 가족의 미래를 보는 거울의 자리가 될 것이다. 이제 고개를 들어 가족을 보자.

고개를 들어 나를 보자. 그리고 고개를 들어 달라진 우리 가족의 미래를 보자.

가족 정치

몇 년에 한 번씩 선거가 있을 때면 온 나라가 들썩인다. 어느 후보가 나오는지, 어떤 정책을 내놓는지, 그래서 나는 누구를 찍을 것인지. 뉴스마다 신문마다 정치학 책에서나 나올 법한 단어들이 쏟아져 나오며, 괜히 내 마음도 들썩여 유권자로서 뭐든 해야 할 것 같은 생각이 절로 든다. 그리고 정치가 뭔가 싶어 책, 그중에서도 쉬운 만화책 종류로 쓰윽 살펴보고 제일 쉬워 보이고 얇은 책으로 한 권 사들고 들어온다.

정치학의 기본, 아리스토텔레스의 《정치학》이라는 책은 한 번 읽으면 헷갈리고 두 번 읽으면 앞뒤가 범벅이 되고 세 번째는 읽기도 전에 잠이 든다. 남들은 누워서 떡 먹기라는데, 혼자 체한 느낌이다. 딱 한 가지 기억나는 것은 아리스토텔레스가 자기 책을 쓰면서 결혼적정연령을 37세로 적어놓은 기억은 선명하다. 자신이 그 나이에 결혼해서 그런가 평균수명을 고려하지 않은 황당한 제안이라는 생각을 했던 기억이 난다. 그건 그렇고, 《정치학》 같은 책이 훌륭한 책이고 역사적 가치도 있지만, 읽고 있는 내내 '아, 나는 정치 맹구인가 보다'라는 생각만 든다. 그러나 우리가 플라톤이니, 슘페터니, 마르크스니 뭐 이런 사람 이름 하나도 몰라도 우리 나름대로 정치를 보자면, 이 정치라는 게 타협과 설득의 미학임은 분명한 것 같다. 잘 협의하고 타협의 결과를 이끌어내어 문서로 쓰고 이를 발표하면서 정책은 입안이 되고 나라가 잘 굴러가니 말이다.

나라만 정치를 하는 것은 아니다. 가족도 정치를 한다. 수장이 있고, 경제와 관련한 결정을 하고, 협의가 잘되지 않으면 미친 듯이 싸우고, 그러다가 파산하기도 하고, 형편없는 부모 덕에 아이들이 생고생을 하기도 하니 말이다. 그러고 보면 다른 집들은 행복하게 잘만 사는데, 내 배우자는 개떡 같고, 내 애는 찌질하며, 내 주변의 이웃들은 모두 형편없다. 그러니 남들은 행복이 쉽다는데 나만 잘 안 되는 걸 보면, 우리 집 정치는 꽝인 셈이다. 정치를 잘 알자고《정치학》을 읽듯 우리 집 정치를 잘하기 위해서도 뭔가 해법이 필요할 듯하다.

정치가와 아내는 세 가지 공통점이 있다고 한다. 첫째, 자기가 하는 모든 일은 오로지 국가(가정)를 위한 것이라고 말한다.

둘째, 그래서 늘 돈이 필요하다고 한다. 셋째, 나중에 자신의 뒤를 봐줄 후계자를 양성한다. 이는 정치 험담이자 배우자 험담일 텐데, 또한 좋은 가족 정치를 위한 좋은 교훈으로, 그야말로 요즘 유행하는 사자성어인 '반면교사(反面教師)'로 쓰기 좋다.

위의 말을 바꾸어보자면, 일단 좋은 가정이 되기 위해서는 부모의 상호 역할이 중요하다. 부모 중 하나라도 자신이 희생자라는 피해의식을 갖고 있다면 가족은 늘 고통스럽다. 사실은 어떤 면에서도 가족은 내 희생을 갚아주어야 할 채무자가 아니다. 둘째, 돈이 가족의 첫 번째 요목이 되어서는 곤란하다. 가족은 능력으로 평가하는 것이 아니라 온도로 안아주는 사람들이다. "가장 마지막까지 남아 있는 것은 핏줄"이라는 말은 비난은 내 부자들의 것이 아니라는 말이다. 셋째, 자식을 자기편으로 만들어 편을 가르는 가족은 그야말로 최악이다. 아이들은 불합리하게 다른 쪽 부모를 험담해야 하고, 부모는 다른 자녀를 흉봐야 하니 그야말로 동족상잔의 비극은 '내편게임'이다. '내편게임'은 늘 '치킨게임'이어서 먼저 포기하면 겁쟁이가 되고 끝까지 양쪽이 포기하지 않으면 최악의 상황이 되기 마련이다.

오히려 가족은 희생의 채무자이기보다는 사랑의 채권자이다. 마지막까지 혀를 차면서라도 지켜보는 대상, 최악이라도 밥은 먹이는 게 가족이다. 또한 가족의 우선순위는 돈이 아니라 가족원이다. 돈을 벌기 위해 가족을 희생시키는 바보들을 자주 본다. 돈이 웃는 아이의 미소를 이길 수 없고, 아내의 눈물을 이길 수 없다. 그리고 이겨서도 안 된다. 마지막으로 가족은 '편'이 불가능하다. 유전자로 서로 범벅이 되어 유전자 지도만 보면 누가 누구인지 알 수 없을 정도로 서로 같은 인자들을 공유하고 있는 집단에 '편'은 있을 수 없다. 가족 간에 '편'은 자기 스스로를 찢는 행위일 뿐이다.

모든 가정은 각자 다른 정치를 한다. 다만 좋은 가족 정치의 최소한의 기준은 늘 분명하다. 사랑의 채무자에 대한 긍정적 존중, 돈이 아닌 가족원 우선주의, 편을 가르지 않는 통합의 미(美)가 바로 그것이다. 아이들과 배우자에게 예쁘다 말하고 사랑스럽고 훌륭하다 말하기로 하는 토킹법, 가족을 위해 가장 먼저 시간을 내는 타임법, 미워도 다시 만날 사람들의 끌어안는 허그법. 이 세 가지가 가정의 3대 법안이자, 가족의 공약이 되면 좋겠다. 좋은 나라를 꿈꾸듯 좋은 가정이 많아졌으면 좋겠다. 좋은 가정에서 좋은 아이들이 잘 컸으면 좋겠다. 가족이 행복한 가정들이 가득했으면 좋겠다. 올해는 훌륭한 가족의 아름다운 정치를 꿈꿔본다.

가족 선택 함구증

대수롭지 않은 생각을 뭐 대단한 철학인 양 내세울 때 우리는 '개똥철학' 이야기를 한다. 굳이 말하자면 엉터리철학이다. 집집마다 개똥철학은 하나씩 있다. 옛날에는 '가화만사성'이니 '충효', '윗물이 맑아야 아랫물이 맑다' 등 흔히 교훈이나 급훈으로 사용된 바 있다. 최근에는 '섬기는 집', '대화가 통하는 집' 등 좀 더 심리적 교류에 관한 인간적 메시지들을 담은 이야기들이 주를 이룬다. 그런데 과연 '가화'가 되고 '효'가 되고 '윗물이 맑고', '섬기고', '대화가 잘 통'하는가 말이다. 그저 되지도 않을 이야기들을 우리 집의 핵심 키워드인 양 말하니 그야말로 개똥철학이다.

대화가 30분 미만이라는 우리나라 가정의 대화 통계를 보면 우리는 참으로 '과묵한 민족'이다. 다만 모두에게 과묵한 것은 아니고 '굳이' 가족에게만 과묵하다. 정신병리 현상 중에는 '선택적 함구증'이라는 게 있다. 즉 보통 때는 말을 잘하면서도 특정한 상황, 특히 학교나 낯선 사람들 앞에서는 지속적으로 말을 하지 못하고, 사회적 의사소통에 심각한 피해를 주고, 언어에 대한 지식이 없거나 그 언어에 익숙하지 않아서 말을 못하는 것이 아니며, 정신분열증 등 다른 장애로 발생한 것이 아니면서 대개 최소 한 달 이상 지속될 때 이런 상황을 선택적 함구증이라 한다.

생각해보면 우리 가족들의 증상과 흡사하다. 보통 때는 말을 잘하면서도 집에만 들어오면 지속적으로 말을 하지 못하고, 가족의 의사소통에 심각한 피해를 주고, 말을 못하는 것도 아닌데 말이 없으며, 기타 정신이 멀쩡한데도 한 달은 고사하고 그 이상의 세월을 말하지 않는다. 물론 모든 상황에서 그런 것은 아니다. 돈이 필요할 때 자녀들은 있는 힘을 다해 서러움의 카드를 꺼내고, 불만이 터져 나올 때는 유명한 래퍼 아웃사이더의 속사포 랩보다 더 빠르다. 군림의 키워드로 소리를 지르고, 통제의 도구로 눈물을 쏟아낸다.

누가 카드 꺼내라 했나, 누가 알아듣지도 못할 빠른 랩을 하랬나, 누가 소리 지르라 했나, 그리고 누가 질질 짜라고 했나. 말을 하라고 했을 뿐이다. 말을 하라고 했는데 도리어 엉뚱한 행동을 하니 그야말로 '불통'이다. 그리고 '불통'은 곧 '함구'로 다시 이어진다. 개똥철학과 정신병리와의 관계는 이렇게 순환적이다.

한 광고를 보니 이런 내용이 나온다. 밥 한 번 사준 선배에겐 "형 고마워", 매일 밥을 해주신 엄마에겐 "국이나 줘", 여자친구 생일엔 "축하해", 부모님 생신엔 "엄마 생일이었어?", 5분 기다려준 동료에겐 "죄송합니다. 늦었습니다." 평생을 기다려준 부모에겐 "왜 나왔어?" 부모님께 이런 말 해본 적 있나요? "고마워요. 엄마" 말 한마디가 효도입니다. 누가 모를쏘냐.

우리 가족의 개똥철학과 함구. 이 두 가지 악순환과 큰 간극을 줄일 수 있는 방법은 무엇일까? 요즘 많이들 아는 '미사고', 즉 '미안하다', '사랑한다', '고맙다'. 맞는 말이다. 그러나 가족이 '언어'를 몰라서, '동사'를 몰라서 그 말을 못하는 것은 아니다. 요즘 애들이야 2~3개 국어는 좔좔 하는 시대이고, 몇 개 국어씩은 몰라도 아리가토 고자이마스, 봉주르, 이히 리베 디히, 티 아모! 이런 정도의 말은 대부분 안다. 이렇게 '사랑한다', '고맙다'의 관련 단어들을 찾아가며 외국 친구들과 SNS도 하는 요즘 사람들에게 '미사고'는 이미 말의 주제가 아니다.

오히려 '미사고'는 '용기'라는 좀 더 추상적인 주제이다. '용기', '용감함'이라는 주스가 있으면 한 사발 들이키고 "미사고~!"

하고 외치련만, 어느 마트나 편의점에도 '용기'를 파는 곳은 없다. 오늘 이 글에서 '용기'를 대박세일할 참이다. 누구나 마시는 옹달샘처럼 퍼가도록 할 참이다. 새벽토끼도 마시러 오는 옹달샘처럼 아버지도 어머니도, 첫째도 막내도, 할머니도 할아버지도, 손자 손녀도 와서 마실 무료 '용기'를 팔 생각이다. 자, 방법을 들어보라.

작은 쪽지에 '용기'라고 써보라. 그리고 그 종이를 가로로 한 번, 다시 세로로 한 번 접어보라. 그리고 손에 꼭 쥐고 "미사고~!" 하고 외쳐보라. '미안하다', '사랑한다', '고맙다'는 말 중에 가장 쉬운 말을 골라보라. 보통은 '고맙다'는 말을 가장 많이 선택한다. 그럼 다시 한 번 쪽지를 손에 쥐고 "고마워요~!"라고 외쳐보라. 그리고 휴대폰을 열어라. 아버지, 어머니를 포함한 가족에게 하나씩 문자를 보내보자. 가장 쉬운 대상부터 시작하자. 엄마에게, 동생에게, 할머니에게, 할아버지에게, 그리고 아버지에게 문자를 보내보자. 똑같은 내용을 이름만 바꾸어 보내자.

잘했다! 그리고 작은 쪽지를 더 준비하자. 문자로 보낸 내용을 글로 써보자. '엄마, 고마워요', '아버지, 고마워요', '동생아, 고맙다', '할머니, 고맙습니다'라고 적어보자. 그리고 슬쩍 그들만의 공간에 넣어두자. 쪽지를 내려놓는 순간 온몸에 닭살이 퍼질 것이다. 그때 후다닥 그 방을 뛰어나오라. 그 방을 뛰어나오는 그 에너지가 바로 '용기'이다. 문자를 전송하는 그 '꾹~' 누름이 용기이다. 그러고 나면 가족 중 한 사람에게서 반드시 '고맙다'는 문자나 쪽지가 올 것이다. 그러면 그때, 말로 전달하자. "정말 고맙다"고.

체계적 둔감법이라는 방법으로 두려움을 줄여가고, 선택적 함구증을 풀어가는 방법으로 가족 선택 함구증을 풀어가는 과정이다. 세상에서 가장 어려운 것이 '어색함'을 해소하는 과정이다. 특히 가족의 어색함은 곧 가족 함구로 이어진다. 오랜 함구는 입 냄새 그리고 비난이라는 악취와 함께 한꺼번에 상대방을 실망시킨다. 그리고 실망은 늘 복수한다.

가족의 악순환, 그리고 가족의 함구는 오늘 '용기'라는 과정을 통해 달라진다. 함구를 선택했듯, 대화를 선택할 수도 있다. 이 새로운 선택 앞에 '가화만사성', '대화하는 가족'이라는 가훈은 개똥철학이 아니라 그야말로 '가훈'이 되고 '삶'이 되고 '세대를 잇는 말의 사다리'가 될 것이다. 오늘 선택하자.

가족은 추억으로 풀을 쑨다

트렌드는 변화한다. 먹방이 쿡방으로, 쿡방이 다시 인테리어를 중심으로 한 집방으로 이동하고 있다. 먹을 때는 먹방이, 끓일 때는 쿡방이, 그리고 만들 때는 집방이다. 그럼 맘먹을 때, 속끓일 때, 삶을 새로 만들고자 할 때는 어떻게 해야 할까? 사실 인생의 고민은 먹고, 만들어내는 과정에 있는 것이 아니라 먹기 전에, 끓이기 전에, 만들기 전에 있다.

과거에야 가족들이 같이 먹고, 같이 끓이고, 같이 만들어 붙이던 시절이 있었다. 그 시절 이야기가 최근 인기 드라마 〈응답하라 1988〉에서 여러 가족의 모습으로 비추며 가족을 TV 앞으로 불러 모았다. 주인공 덕선이네 집, 그 반지하 전세방 저녁식사 시간에는 꼬막산성과 소시지탑이 늘 인상적이다. 꼬막산성이라면 진정 산성이라 할 만한 양을 기술적으로 높다랗게 쌓아

올린 꼬막더미를 말하는 것이고, 소시지탑이란 달걀을 입힌 소시지가 가지런하지만 토목공학이 접목된 듯 놀랄 만한 균형을 이루며 그 위엄을 드러내는 소시지 더미를 말한다. 꼬막산성과 소시지탑이 보이고 가족들은 식사를 시작한다. 본방송이건 재방송이건 모든 회차마다 가족은 먹고 또 먹는다.

넉넉한 인심이 돋보이기도 했던 이 드라마에 웃음과 눈물을 양념처럼 넣었던 아줌마 3인방은 늘 뭔가를 끓이고, 무치고, 붓고, 차린다. 참기름을 줄줄 넣든가, 콩나물을 팍팍 무치든가, 무나 배추를 연신 다듬든가, 국수를 여러 그릇에 나누어 담는다. 목욕탕만한 대야에 담긴 잡채를 나누어 담는 장면은 그야말로 쿡방의 정수였다. 이 드라마에서는 서투른 가장들의 만들기 퍼레이드도 선보인다. 손재주 없는 전자대리점 사장의 이어지는 실수들, 금은방 아저씨의 의외의 솜씨에 시청자는 과거 가제트를 능가하던 맥가이버를 연상했다. 온 동네 성인들의 연합작전으로 만들어졌던 꼬마 진주를 위한 눈사람도 작품이었다. 그러나 이 모든 것은 드라마 속 이야기이다.

언젠가부터 우리는 엄마의 쿡방을 본 지가 오래되었다. 늦어지면 치킨, 좀 더 가까우면 짜장면이 실시간으로 배달되고, 30분이면 피자가 배달되는 세상에서 엄마의 쿡방은 어느새인가 유명 셰프의 '레서피'에 사라져갔다. 맛이 있건 없건 그 집만의 '비결'이 있던 때가 지나고 어느새 모든 엄마들의 요리 비결은 TV와 인터넷에서 활약하는 같은 선생의 말끝에서 나오게 되었다.

먹방은 어떠한가? 가족은 늘 같이 밥을 먹기에 '식구(食口)'라고 불렸다. 식구란 한집에서 같이 밥 먹는 사람을 말한다. 요즘 세상에 가족이 모두 모여 한 상에 둘러서 먹고 마시는 경우는 우연히 발생한 외식의 경우 말고는 찾아보기 어렵다. 아버지는 늦게 퇴근하고, 아이들은 모두 각자 학원에서 밤 12시나 되어야 오니, 온 가족이 함께 둘러앉아 먹기는커녕 얼굴 보기도 어려워 가족인지 야간비밀조직인지 가족의 정체가 모호해졌다.

가족이 같이 도배하던 시절을 생각해보면 요즘 아이들은 상상도 못할 일이다. 더욱 정교해진 프로페셔널들이 도배지의 무늬를 절도 있게 맞추어내는 걸 보면, 과거 무늬를 맞추는 것이 어려워 작은 꽃무늬 벽지나 무늬가 아예 없는 도배지를 사다가 집에서 풀을 쑤고 마루나 마당에 신문지를 잔뜩 깔아놓고 풀붓을 들고 도배지 위를 맨발로 밀고 다니던 기억이 아득한 세월처럼 느껴진다.

우리에게는 가족 쿡방, 가족 먹방, 가족 집방이 있던 시절이 있었다. 그 시절을 누군가는 추억이라 하고, 다른 누군가는 가난이라 하겠지만, 쿡방에는 감탄이 있었고, 먹방에는 기쁨이 있었고, 집방에는 협력이 있었다. 감탄과 기쁨과 협력, 이게 식구들이 같이 먹고 사는 가족의 소속감을 붙여내는 심리의 풀이었다. 더 편해지고, 더 배려하고, 더 쉬워지면서 가족은 가정 내에서 각자의 역할을 서서히 잃어가고 있다. 역할을 잃으면서 성취도 잃어가고, 가족은 더 이상 나의 소속이기보다는 TV 드라마 주제처럼 낯선 이름이 되어간다.

최근에는 과거 아날로그식 소속의 풀질이 어렵다 보니 기술력을 이용한 대안적 풀이 나오기 시작했다. 가족톡방 같은 SNS를 이용한 새로운, 굳이 이름 하자면 '정보기술 풀(IT Glue)'이 접촉면에서 오던 연결고리를 대신하고 있다. 본연의 의도가 무엇이건 그나마 생긴 가족톡방도 정서를 나누기보다는 정보를 나누는 알림판 역할, 가족 통제를 위한 동태 관찰 및 서면보고용 공간 역할로 전락하고 있다.

모두가 먹방을 보고, 한결같이 쿡방을 따라 하고, 다 같이 도구를 들고 뚝딱거리는 세상이다. 중요한 건 장소이다. 모두가 '방'이지 그곳이 '집'은 아니다. 출생을 본 사람들이 같이 먹고, 맛에 길들여진 사람의 음식을 감탄하고, 형편없는 작품을 만들어낸 아버지에게 엄지를 척 쳐들 수 있는 곳이 바로 '집'이다. 그리고 그 자리에 있는 식구가 같이 밥 먹으며 흘리는 아밀라아제가, 같이 만들며 감탄할 때 튀는 침이, 뚝딱이며 만들면서 흘리는 그 짭짤한 땀이 가족을 묶는 풀이다. 그 침이 풀로 변하고, 그 풀이 기억을 추억으로 바꾸고, 그 추억이 세월 속에 낡은 벽지처럼 벽에서 떨어지려는 가족을 서로 다시 묶어낸다.

아빠들이여, 오늘 아이들과 톡방에서 밥 먹을 약속을 잡아보자. 엄마들이여, 밥 먹기로 한 날 만들 나만의 요리를 위해 팔을 걷어보자. 가족들이여, 봄이 왔으니 같이 풀 발라가며 포인트 벽지 한 장 붙여보자. 같이 침 흘리고, 같이 땀 흘리자. 추억으로 낄낄댈 일을 만들어보자. 그게 우리의 쿡방, 먹방, 집방이 되게 하자. 그게 우리 집이 되게 하자.

가족의 다른 이름, 해석자

"몇 평인가?" 집에 대한 질문은 주로 이렇게 시작한다. 다음으로는 "어느 지역인가?", "얼마인가?", "앞으로 오를 가망이 있는가?" 등이 이어진다. 그리고 이 질문의 주인은 어른들이다. 집에 대한 아이들의 질문은 어떠할까? 아이들에게 이사를 가게 될 것이라 말하자 아이들은 이리 묻는다. "놀이터 있어요?", "뛰어도 돼요?", "친구들이 많을까요?", "개를 길러도 돼요?", "안 가면 안 돼요?" 같은 사건을 두고 어른과 아이의 질문은 참으로 다르다. 어른들은 '경제적 가치'로, 아이들은 '정서적 가치'로 집을 묻는다.

아이와 어른의 질문은 왜 다를까? 관심사가 달라서이다. 같은 것을 두고 서로 다른 관심사를 갖기에 서로의 질문은 다를 수밖에 없다. 경제적 관심이 현실인 어른에게 집은 냉철한 눈을 갖게 하고, 정서적 관심이 시급한 아이들의 눈은 오로지 호기심이다. 집의 가치와 향후 전망에 대한 분석, 그리고 개를 기를 수 있는지에 대한 초미의 관심, 이 둘은 항상 대치한다. 모두를 채울 수 없기에 전망이 좋은 자리에 개는 없고, 평수가 만족스러운 곳에서 뛸 수는 없다.

그러나 상관없다. 개가 없어도 아이는 괜찮다. 뛰지 못해도 괜찮다. 아빠가 최고의 놀이 파트너가 되어주고, 엄마의 힘찬 눈빛이 아이의 심장을 뛰게 하면 괜찮다. 아이가 정작 원하는 것은 그것일 테니 말이다. 부모도 괜찮다. 평수가 작아도 괜찮고, 집값이 좀 떨어져도 괜찮다. 아이가 놀 놀이터가 있고, 이사 온 지 이틀 만에 파자마파티를 하겠다고 동네 애들을 데려오는 아이의 넉살이 있어 괜찮다.

다른 질문을 한다는 것은 다른 관심사, 다른 소망이 있기 때문이다. 그러나 괜찮은 이유는 같은 관심사, 같은 바람이 있기 때문이다. 사실 가족은 겉과 속이 다른, 그러나 정작 다른 겉과 같은 속을 가진 사람들이다. 환경적 요구는 다르나 심정적 요구는 같기 때문이다.

아이는 기대한다. '이사를 가서 아빠 직장이 가까워지면 아빠는 더 빨리 퇴근할까? 개를 사주지는 않겠지만 아빠 무등을 한 번 더 탈 수 있으니 괜찮을 거야.' 그리고 아빠도 기대한다.

'집이 좁아져서 아이가 속상해하지 않을까? 놀이터가 더 넓은 곳이니 더 신나게 뛸 수 있을 거야.' 엄마도 기대한다. '직장이 가까우니 남편은 덜 피곤할 거고, 아이도 아빠를 더 자주 보니 좋아할 거야. 이참에 둘째나 가져볼까?'

가족은 늘 다툰다. 삐지고 울고 소리 지르고 방으로 들어가 버리곤 한다. 관심사가 일치하지 않는 지점에서 일어나는 일상적인 가족사(家族事)다. 우리 집만 그리 사는 것이 아니라 다른 집들도 다 그렇게 산다. 그럭저럭 살 만하다 생각한다면 그 집은 행복한 거다. 별일 없으면 행복한 것이다. 행복이 뭐 그리 대단한가? 다투기 때문에 행복한 것은 아니다. 울고 소리 지르고 방문을 닫아버려서 행복한 것이 아니다. 우리가 이리 살면서도 행복한 이유는 따로 있다. 다퉈도 사과하는 사람이 있고, 울고 소리를 지르면 위로하는 사람이 있고, 방문을 닫고 들어가면 감정이 풀리기를 기다렸다가 밥 먹자는 사람이 있기 때문이다. 울고 소리 지르고 단절을 예고하는 그 외향과 달리 사과하고 위로하고 기다리는 내향이 있기 때문이다.

보이는 게 다인 세상, 들리는 게 전부인 세상이다. 서로 다른 질문을 하는 가족들에게 보이는 게 다인가? 들리는 게 다인가? 보이는 것, 들리는 것이 가족의 막을 통과하면 안 보이던 것이 보이고 안 들리던 것이 들린다.

가족은 무엇으로 살까? 보이는 것과 들리는 것으로 살까? 아니다. 가족은 보이지 않는 것을 보는 사람들이고, 들리지 않는 것을 듣는 능력자들이다. 보이는 심장과 혈관이 아니라 보이지 않는 심정과 혈맹을 무의식적으로 읽는 사람들이다. 들리는 귀와 고막이 아니라 들리지 않는 마음을 듣는 사람들이다. 그러니 가족은 신의 눈과 우주의 귀를 가진 셈이다. 이런 눈, 이런 귀는 어떻게 갖게 되는 것일까?

행간을 읽는 눈과 틈새를 듣는 귀 덕분이다. 작은 변화를 읽어내는 눈이 아이의 소망을 읽고, 뒤돌아 맺힌 눈물을 듣는 귀가 아이의 가슴을 어루만진다. 이혜인 수녀가 말했던 "눈멀어야 가까이 볼 수 있다"는 건 종교적 선언이 아니라 사랑의 전언이 분명하다.

어른과 아이의 질문이 다르다. 들리는 말은 팩트(fact)이나 이해하는 말은 해석(解釋)이다. 사람은 무엇으로 사는가? 사람은 해석으로 산다. 그리고 가족은 그 해석의 집결체이다. 사랑에 눈먼 해석이, 포옹에 귀먹은 해석이 가족을 살게 한다. 개가 갖고 싶다는 딸의 말에 아버지는 기꺼이 무등을 태워주고, 뛰어도 되냐는 아들의 말에 넓은 놀이터를 보여주는 엄마의 힘찬 팔뚝이 바로 해석이다. 가족은 다른 겉, 같은 속으로 산다. 겉과 속이 달라야 가족이다. 그게 가족이다. 가족이야말로 겉을 속으로, 속을 다시 겉으로 해석하는 사랑의 해석자들이다. 그게 바로 가족의 다른 이름이다.

습관으로 가족이 된다

어려서는 손톱을 줄기차게 물어뜯었고, 좀 더 커서는 코를 계속 킁킁거렸고, 이제 나이가 들어가면서는 자꾸 여기저기 긁거나 발가락 사이를 손가락으로 비벼댄다. '줄기차게', '계속', '자꾸' 이런 말들이 행동과 만나면 대개는 습관이라 할 만하다. 습관이라는 말은 '되풀이하다가 몸에 배다'라는 뜻인데, 마치 문신처럼 오랜 시간 선명하고 시간이 지난 후에도 특정한 상황이 다시 반복되면 몇십 년 만에도 같은 행동이 나오기도 한다. 어느 가수의 노랫말처럼 "습관이란 게 무서운 거"다.

사실 가족마다 고유한 습관이 있다. 소식, 대식, 육식, 채식, 흡입, 깨작 등 먹는 습관이 있고, 폭발하거나 한없이 참는 분노 표출의 습관도 있다. 매번 움직일 때마다 치우고 또 치워대는 유별난 가족 습관도 있고, 저렇게 안 씻어도 되나 싶을 정도로 가족의 위생도가 매우 심각한 불결의 습관도 있다. 가족이 여럿이면 습관도 여럿일 것 같지만, 세월이 지나 나이를 먹어가면서 형제와 자매들은 그 외모만큼이나 가족 습관을 개별 가족관계에서도 그대로 보인다. 이모나 고모, 삼촌과 작은아버지들을 보면 외모나 식습관뿐 아니라 심지어 말투, 가래를 뱉는 소리, 재채기 방식과 횟수까지 유사한 경우를 볼 수 있는데, 이는 대부분 윗세대에서 흘러온 가족 습관들이다.

이 습관이라는 게 심리학적으로는 대개 무의식적으로 일어나는 것이고, 특히 공동의 정서와 연결되는 경우 자동 반복될 가능성이 매우 높아서 누군가와 오랫동안 정서적 관계를 유지하는 경우 꼭 가족이 아니라도 서로 닮아간다. 즉, 배워서 몸에 익히게 된다. 그러니 엄밀히 말하자면, 가족의 습관은 곧 관계학습이다.

가족 속에서 우리의 교환은 단순히 말과 밥만 있는 것이 아니라 공기, 분위기, 냄새, 보폭, 걸을 때 발을 끄는 정도, 코를 파는 빈도, 코골이와 잠버릇 등 수많은 미세한 정보들이 일상이라는 도화지 위에 그려서 구성된 그림과 같다. 마치 세밀화처럼 작은 부분만 보아서는 도무지 알 수 없으나 시간이 지나 그림 전체가 보이면 깜짝 놀랄 만큼 비슷한 가족 수만큼의 유사한 그림들이 나온다. 정서와 감정반응도 닮아가서 행복감도 닮아가고, 우울감도 닮아간다. 잘해낼 수 있다는 효능감도 닮아가고, 포기와 좌절의 속도도 닮아가기 쉽다. 뽑기의 모양을 찍듯 각 형제들은 각 부모의 틀을 다시 한 번 박으며 모양에 단맛까지 배우고 익히게 된다.

자식이 부모에 대해 관계학습을 한다는 것은 그렇다 치고, 부부는 어떠한가? 부부도 학습한다. 오랜 세월 함께 시간을 보낸 부부는 서로 완벽하게 다르다고 우겨대지만 살수록 편안해지는 이유는 '익숙함', 곧 상호습관이 생겨서이다. 살아가는 내내 남편은 아내를 길들이고, 아내는 남편을 길들여간다. 그러다가 이제 다 되었다 싶으면 부부 중 한 사람이 떠나기도 한다지만, 아니 서로 다른 집안 다른 문화 속에서 먹고 자란 두 사람이 같이 살면서 어떻게 그렇게 되나 싶은 생각이 들 것이다. 사랑이라는 묘약이 화학작용을 일으켜서 그런가라고 생각하기 쉽겠지만, 알다시피 사랑이야 2년이면 끝나고 경우에 따라서는 그보다 더 성급하게 부부를 떠나기도 한다. 그럼 부부는 무엇으로 서로를 학습하게 되는 걸까?

모든 인간은 심리분석기를 가지고 태어난다. 특히 사랑을 고백하고 둘이 하나가 되기로 한 시점부터 심리분석기는 상호 레이더까지 붙은 수륙양용 장갑차처럼 배우자의 인맥과 일상을 훑으며 의식적 · 무의식적 정보를 수집한다. 무심하게 지나가는 먼지들을 모아서 "우리 남편은 무조건 밥이어야 해. 빵도 아니야. 그놈의 밥!"이라고 말할 수 있고, 무한의 초침이 돌아가면서 "내 아내의 촉은 우리 엄마보다 더 세. 걸리면 거의 죽음이야"라고 고백하게 된다. 숱한 시간과 무한 반복된 눈동자의 움직임, 반복된 상황에서 누적된 심리 빅데이터를 통해 우리는 배우자의 일상을 나노단위로 파악하게 된다. 어떤 인공지능도 아내의 컨디션을 예측할 수 없고, 어떤 챗봇도 남편의 숨겨둔 비상금 은닉 장소를 털게 하지 못한다. 아내의 컨디션을 파악하는 가장 민감한 레이더는 남편의 눈치이고, 남편의 비상금 은닉 장소는 늘 아내의 손가락이 한 번 쓱 지나가면 무장해제 된다. 어떻게 아내의 기분을 알고 남편의 비밀을 알까? 반복적으로 알게 된 정서확장형 행동특성 때문이다.

부모가 자식 앞에서 움직이고, 자식은 부모를 습관 속에서 발견한다. 남편이 아내를 읽고, 아내는 남편에 대한 분석적 반복 예지력, 이른바 '촉'을 가진다. 가족은 사랑으로 맺어진다고 믿는가? 아니다. 오히려 가족은 습관으로 맺어지고, 습관으로 소속감을 발견한다. 글을 쓰는 내내 코를 킁킁거리는 건 본래 나의 엄마의 버릇이었고, 자판을 두드리는 내내 시계를 보는 건 30분 이내에 남편이 돌아오기 때문이다. 습관적으로 내 속에서 늙은 엄마를 발견하고, 반복적 행동으로 남편을 기다리며, 킁킁

대는 발걸음으로 아들을 맞는다. 단언컨대, 가족은 습관으로 가족이 된다.

가족 인큐베이터

분만대기실은 그야말로 요지경이다. 소리 지르는 산모와 머리 뽑히는 남편, 지르는 그 소리에 얼굴이 새파래진 초산의 산모와 누가 소리를 지르거나 말거나 6시간째 라마즈 호흡을 하느라 과호흡이 올 지경인 초보아빠, 아내는 아파죽겠다는데 그 옆에서 게임하는 남편, 들어와 탯줄을 자르라는 아내와 분만실에 같이 들어가는 게 무섭다고 아내를 설득하는 남편, 병원밥이 입에 안 맞는다면서 근처 만리장성에서 짜장면 먹고 오는 아빠, 심지어 월드컵중계를 보느라 보호자대기실에서 TV에 빠져 있는 남편을 부르다 애를 낳은 산모도 있다. 물론 때로는 남편이 오지 않아 그저 혼자 아이를 낳는 산모의 속사정도 있다. 생명 탄생 전에는 이런 우여곡절이 있었다.

분만 후의 장면도 볼 만하다. 아기를 보자마자 큰 소리로 엉

엉 울음을 터뜨리는 초보아빠, 딸이었으면 바랐는데 세 번째 아들을 보며 안아보지도 않는 아빠, 첫 손주를 안으며 입이 바싹 마른 할머니, 아들 하나 제대로 못 낳는다며 장성한 아들에게 눈치를 주는 할아버지, 처음으로 만나는 동생의 얼굴을 보며 못생겼다는 언니, 크면 이뻐질 거라며 사위의 등을 토닥이는 장모까지, 하여간 만물상이다. 생명 탄생 후에도 이런 일들이 있다.

생명씨앗을 품었다 세상에 내놓는 산모도, 아기의 출현 앞에 서 있는 아빠도 모두 한순간은 늘 정지한다. 바로 아기와 눈을 마주치는 첫 순간이다. '낳는다'는 것 앞에 출산을 인지하고 '낳았다'는 정보를 듣게 된다. 그러나 숨 쉬는 아이의 생명 앞에 대부분 잠시 호흡을 멈춘다. 새로운 호흡 앞에 무호흡이라니, 이 장면은 흡사 신성한 카오스다.

분만대기실의 그 산만함, 정신없음, 긴장감은 새로운 우주의 탄생 그 빅뱅과도 같다. 쏟아지는 신음과 거부하지 못할 폭발적 분출, 견뎌야 하는 순간들과 관계들이 팽팽하게 이어지는 그야말로 대혼란의 장이다. 우리는 생명을 만나기 전에 숱한 혼란을 경험하고, 폭풍우가 지나가고 회오리바람에 휘말리듯 긴장, 전율, 두려움, 통증 등 350가지도 넘는 정서를 경험하며 엄마의 통증과 아빠의 긴장, 그리고 아기의 목숨을 건 사투를 통해 드디어 생명은 공기를 만나게 된다.

아이들은 그렇게 태어나고 나면 반드시 성장한다. 몸도 크고 마음도 크기 마련이다. 그리고 이 성장기를 통과하며 부모는 다시 한 번 정서적 분만과 정신적 분만을 거듭한다. 미운 네 살과 미쳤다는 일곱 살을 지나고 1차 성징이 지나가더니 어느덧 2차 성징이 다가온다. 솜털이 코털이 되고, 뽀얗던 피부 안에는 근육이 들어찬다. 마냥 같기만 했던 아들과 딸은 서로 다른 몸을 갖게 되고 화장실에 들어갈 때는 반드시 문을 잠그는 나이만큼을 먹게 된다. 급기야 덤비기 시작하는 시즌을 맞게 된다.

다시금 엄마는 소리 지르고 아빠는 속이 터진다며 가슴을 친다. 초산의 산모였던 엄마는 기가 막혀 다시 얼굴이 파래지고, 6시간 라마즈 호흡은 초보 아버지의 폭풍 잔소리로 변한다. 탯줄을 자르라던 아내는 곧 명줄을 자를 듯 서슬이 퍼렇고, 속 터지는 아버지 앞에서 분만실 짜장면은 중2병을 앓는 아들이 곱빼기로 시켜 먹으며 가족 만리장성을 쌓는다. 혼자 투사가 된 엄마도 있다. 정신과 정서의 탄생 전에는 이런 우여곡절도 있기 마련이다.

부모가 되고 아이들은 태어나고 성장한다. 아이를 낳으며 우리는 신체적 분만대기실을 경험하고, 아이가 커가며 가족은 정신적 분만대기실에 들어간다. 어쩌면 분만대기실은 가족 인큐베이터와 같다. 생명을 두고 힘겹게 들어가고 그곳에서 각자의 생명전투를 치르면 성장과 성숙을 품고 나오니 말이다. 우리의 정신은 카오스로 우리의 정서는 빅뱅으로 혼란과 암흑의 시기를 지나 대폭발의 지점에 이르면, 가족은 다시금 거대한 창조의 우주를 만나게 된다.

우리가 만났던 것은 혼란이 아니라 생명이었다. 그리고 가족이 만났던 것은 다툼이 아니라 성숙이었다. 우리의 혼란과 다툼이 생명을 품고 성숙을 잉태하는 과정일 줄이야! 우리의 혼란은 고통이 아니고 우리의 다툼은 지겨움이 아니라 오히려 성장과 성숙을 위한 생리통 같은 일이니, 가족은 같이 태어나고 같이 커가는 거대한 생명태반이 분명하다.

2
부모와
자녀,
두 개의 인류

태초에 춤이 있었다

춤으로 머리를 얻은 여인 살로메는 지금껏 수많은 예술가에게 영감을 주었고, 숱한 회화의 주제이자, 심지어 소설, 오페라 등 다양한 곳에서 여전히 실물처럼 살아있는 유명한 주인공이다. 그리고 이 주인공은 역사적으로 끊임없이 경멸받는 '요물'로도 악명이 높다. '유명하다'는 뜻의 영어 'famous'와 '악명 높다'는 뜻의 'notorious' 양자를 심방과 심실처럼 끌어안고 있는 여자다. 춤을 춘다는 것, 특히 니체처럼 '몸을 경멸하는 자들'이라도 결국 몸이 종교적 경지에 이를 수 있음을 말하는 데는 춤에 동반되는 '조화' 때문일 것이다.

춤을 추어야 인생을 아는 것은 아니다. 그러나 인생을 알면 몸은 꿈틀대기 마련이다. 때로는 기쁨의 손나래를 펴고, 가끔은 지겨움과 지루함에 몸을 천천히 뻗치며 춤을 추듯 기지개를 켠다. 분노에는 부르르 떠는 세부적인 움직임을 말초 부위까지 보내고, 환호에는 날아오르는 기적을 보이기도 한다. 사람은 어릴수록 정서가 몸으로 드러난다. 시원한 바람이 불면 아이들은 바람을 향하여 빙빙 돌며 춤추어 맞이하고 소리까지 내어 환호한다. 사랑에 빠진 연인들은 눈밭을 뛰어다니고 온몸을 눈더미에 던지며 영화 〈러브스토리〉의 한 장면을 따라 하곤 한다. 손주의 걸음마를 보고 멀리서 들려오는 음악에 고개를 돌리며 할머니는 손가락을 까딱이고, 기분 좋은 엄마는 아이를 안고 한 바퀴 휘~ 돌기도 한다.

몸의 춤은 마음의 춤 다음이다. 먼저 마음이 춤추어야 몸은 손인형처럼 잇닿은 신경과 근육의 연출로 움직이고 휘젓는다. 우리의 마음을 춤추게 하는 것이 우리의 몸을 움직이게 하고, 우리의 몸이 조화롭게 움직일 때 우리는 그 행위를 '춤'이라고 부른다. 오랜 세월 동안 남자와 여자가 춤을 추고, 아이와 어른이 춤을 추고, 한 세대와 다른 세대가 춤으로 소통했다. 샤먼의 제사로, 기쁨의 공동체문화로, 신나는 몸의 축제로 세대를 연결하고 나이를 넘어서고 성별을 무색하게 했다. 엄밀히 말하면, 세대는 서로 다른 춤을 추니 춤이 세대를 분리하는 것 같으나 서로의 춤을 바라보니 통합이요, 아이와 어른의 심장박동이 달라 그 속도나 방식에 차이가 있어 완전히 다른 몸짓이나 서로의 몸짓을 기꺼이 기뻐하니 연합이요, 남자의 동작과 여자의 역할이 다르니 춤의 다른 세계이나 조합하여 가장 뜨거운 시너지를 내니 이것이 바로 조화이다.

물리학에는 열역학 법칙이 있다 했던가? 사람에게는 조화의 법칙이 있다. 춤 하나만으로도 사람의 조화는 경지에 이른다. 유명한 춤꾼 이사도라 던컨이 "춤이야말로 인간의 영혼을 가장 자유롭게 표현하여 종교의 경지에까지 이르는 고도의 예술"이라고 했다는데, 가장 조화로운 경지에도 이르는 것이 아닐까.

우리에게 조화가 필요한 것은 가장 뜨거운 순간에 가장 차가운 열매를 만나야 하는 순간들이 집단문화 속에 늘 존재하기 때문이다. 명절이건, 생일이건, 가족모임이건, 동아리 활동이건, 자원봉사활동이건, 전당대회건, 올림픽이건 간에 사람들이 모이면 그곳에는 일의 집약, 에너지의 집약, 서열의 압축, 성과의 노출이 집중적으로 나타난다. 많은 사람들이 있는 공간에 가장 에너지 밀도가 높아지는 그 순간, 우리에게는 '춤'이 필요하다. '조화'를 담아내는 그릇, 에너지를 나누어 골고루 분배하는 노즐, 일에 리듬을 실어주는 업로더, 서열에 윤활제를 주는 허니버터, 부족한 결과에도 기꺼이 손을 내밀어 축제에 초대하는 온도의 손, 그것이 바로 춤이다.

흔히 머리에 꽃을 꽂으면 미쳤다고들 하고 거기에 춤까지 추면 완전히 맛이 갔다고들 농을 하지만, 머리에 꽃을 꽂아야 축제이고 춤을 추어야 파티가 된다. 불안이 높아지는 순간, 집단이 두려워지는 순간, 공동체의 분열이 있는 순간, 누군가 춤의 자리를 만들어야 한다. 아니, 누구든 조화의 장을 만들어야 한다. 코브라의 춤은 공격의 조짐이나, 피리를 부는 자 앞에서 우리는 "코브라가 춤춘다"고 말한다. 조화와 균형은 '공격'을 '춤'으로 재해석한다. 누군가의 생명을 움켜쥔 춤을 추었던 살로메에 대한 예술가들의 해석은 다양하다. 조화는 늘 생명을 살리는 방향으로 간다. 춤은 늘 방향이 있다. 살리는 방향, 뿜어내는 방향, 그리고 품어내는 방향이 있다. 요상한 이야기로 우리의 호기심을 자극할 수 있는 말이 아니라 모든 세포로 다른 성별을, 다른 연령을, 다른 세대를 품어내는 그 방향이 바로 춤의 방향이다. 오늘 방향의 춤을 추자. 흔들흔들 나를 살리고, 그를 일으키고, 내 아이를 춤추게 하고, 내 어머니를 덩실거리게 하는 손짓으로 춤을 추어보자. 춤을 추는 태초의 이름은 '조화'이다.

나는 존재한다, 고로 나는 관계한다

관계의 넓이와 속도가 상품인 세상이 되었다. 팔로워가 많거나 '좋아요'가 많은 이들의 SNS에는 친구 신청이 넘쳐나고 이들은 일명 '셀럽'이라 하여 이들의 글은 곧 어떤 이들의 신념이 되고, 이들의 입김이 스친 상품들은 이내 베스트셀러가 되곤 한다. 20년 전만 해도 천리안이나 싸이월드가 새로운 관계의 혈관을 놓고 아바타를 동원한 새로운 세상의 주인이 될 수 있었으나, 이제 모세혈관 같았던 관계핏줄은 대동맥이 되고 아바타 월드 정도로 생각했던 관계의 세상은 전 세계를 아우르는 관계의 바다가 되었다.

세월을 넘어 알파고의 소식을 듣고, 인공지능이 자신만의 대화를 하는 것에 페이스북 주인장이 놀라는 세상을 만나게 되었다. 그간 우리는 엄청난 길이의 관계혈관을 확장시켰고, 어마

어마한 속도로 늘어나 기억하지도 못할 친구들의 이름을 친구 목록에 저장해두었다. 수십 수백만의 친구를 가진 이들도 있고, 하루아침에 연결신청을 한 500명이 넘는 사람들을 친구로 삼기도 하는 세상이다. 많으니 좋았고, 빠르니 참으로 편리했다. 자랑하기도 좋고, 오프라인 미적응자들 중에는 온라인 영웅으로 부활한 이들도 많았다.

그러는 중 우리는 '카페인중독'이라는 진단을 받게 되었다. SNS 3대 주자인 카카오톡, 페이스북, 인스타그램의 늪에서 참자기를 잃어버리게 만드는 관계중독을 일컫는 말이다. 거대한 관계의 망과 엄청난 친구 불림 효과는 이내 그 덩치만큼이나 거대한 그림자를 만들어냈다. 더 많으면 좋을 줄 알았던 친구들과의 피상적 관계에 서서히 거품이 꺼지고, 빠르게 생긴 만큼 사랑이 식는 속도도 비례한다는 것을 경험했다. 거대한 사회관계 우울증이 시작되었다.

면대면 관계에서 우리는 얼마나 더 많은 관계, 더 빠른 친밀감이 간절했던가. 관계를 통해 증명되는 사회 속에서 나를 괜찮은 사람으로 보이고 이를 유지하는 일은 참으로 힘들고 고단한 노동이었기에 SNS는 나의 미숙함을 적절히 미장하고, 수정가능한 글과 수정된 행복을 담은 사진들을 통한 새로운 관계구축은 천국으로 가는 계단인 것만 같았다. 그러나 이 종이천국은 관계의 허무와 좌절을 덮기에 턱없이 나약하고 생각보다 작았다. 무엇이 문제인 걸까?

오프라인에서나 온라인에서나 관계 능력자들은 늘 힘을 발휘하는 듯하다. 상대적으로 이 양쪽세계에서의 약자들은 늘 정해져 있는 것 같다. 그렇다면 우리의 존재를 내보이고 기쁨을 유지할 수 있는 관계의 원칙은 없을까? 첫째, 사람의 눈에서 자유로워지자. 모든 이의 눈높이에 나를 맞추는 일은 내가 갈갈이 찢기는 일일 뿐이다. 온 · 오프라인 모두에서 내 주장 60%, 공감 40%이면 오늘 당장 우리는 관계영웅이 될 것이다. 사람들은 늘 공감에 목마르다. 둘째, 나의 관심주제를 일관성 있게 이야기하자. 그 주제 하면 내가 떠오를 것이고, 나를 떠올리면 곧 그 주제가 이어질 것이다. 사람들은 마니아를 존중한다. 셋째, 칭찬하라. 온 · 오프라인에서 "야~ 천재인걸?", "어쩜 넌 늘 우리를 들뜨게 하니?" 등은 늘 관심의 표현이다. 이모티콘 등 비언어적 표현 역시 그러하다. 고독하다고 생각하는 현대인에게 이 세 가지를 보여주는 자는 온라인상이건 오프라인상이건 늘 멋지고 내 옆에 두고 싶은 사람이다.

관계를 새로이 시작하고 풍성하게 하는 이들의 특징은 딱 하나다. Action! 행동 개시! 아는 것이 일상이 되면 관계는 곧 일생이 된다. 그럴 때 독일철학자 마틴 부버 이야기가 떠오를 것이다. "태초에 관계가 있었다!" 내 세상을 시작하는 그 첫 삽, 그 첫 공사를 시작하자. 오늘이 관계의 태초가 될 것이다! 그렇게 우리는 아이를 낳고 관계를 창조한다! 이렇게 관계하라, 창조자들이여!

아빠'라면' 엄마'라면' 부모'라면'

라면은 구공탄이었다. 쌍문동 둘리와 마이콜 시대, 그들의 일렉기타 연주에 기반을 둔 노래에는 그러했다. 십구공탄에 양은냄비를 얹어 끓여낸 라면은 1980년대 가파른 성장의 속도만큼이나 빠르게 끓었고 동네 애들 다 모여 먹으면 그 맛도 '후루룩 짭짭'이었다. 그리고 곤로의 시대가 되었다. 석유곤로 심지에 불을 붙이면 굳이 올라오는 연탄가스 걱정 없이 둥그런 곤로에 올린 냄비물이 끓고 봉지라면은 곧 '계란탁 파송송' 가족일품요리로 그만이었다. 냄비 엉덩이가 시커멓게 그을리고 알싸한 석윳내가 감돌던 부엌 설거지가 누구 몫이건 이문세의 〈별이 빛나는 밤에〉를 들으며 먹던 덕선이네 라면 맛은 돈 내고 체험하려 해도 자리가 없다. 요즘 라면은 가스불이나 전자레인지이다. 스테인리스 냄비에 탁탁탁탁 가스불이 닿으면 이내 물이 끓고 취향에 따라 전복이며 치즈를 넣는다. 그도 귀찮다면 편의점에서 후다닥 사온 라면에 물만 붓고 전자레인지에 3분쯤 돌리면 마법처럼 만찬이 시작된다. 휴대폰에 머리를 박고 혼자 먹는 이 맛이란 라면 맛 절반, 게임 맛 절반이다. 구공탄에서 곤로로, 가스불에서 전자레인지에 이르도록 라면은 같건만 물 끓는 속도며 편리함이 참으로 많이 달라졌다.

그러고 보면, 라면 물 끓는 속도만큼 아이도 부모도 달라졌다. 구공탄 시절 부모들은 먹고살기 참 바빴고 애들은 둘리네 일곱 식구만큼 많았으며 애들도 공룡 같은 놈, 외계인 같은 놈, 타조 같은 놈, 사람 노릇하는 한두 녀석 등 참 제각각이었다. 곤로의 시절 모두가 서울로 향하던 그때, 인형 눈 붙이기 부업을 하는 엄마 대신 장녀가 끓인 라면은 아이들의 주식이었다. 가스레인지가 등장하고 물 끓는 속도만큼 모두가 바빠졌고, 아이들은 자율학습에 대학생 과외를 받기 시작했고, 엄마들의 치맛바람은 TV와 전화 보급률만큼이나 대중적이 되었다. 그리고 〈파워레인저〉를 보고 자란 세대들의 전자레인지 라면은 편의점에서 아이들 혼자 먹는 식사의 상징이 되었고, 빠른 속도만큼이나 엄마들의 정보전쟁과 입시전쟁은 속도전에 돌입했다.

요즘은 라면도 가지가지다. 1인당 연간 70개 이상을 먹는다는 라면은 종류도 다양하다. 누군가에 의하면 우리나라에는

115가지 라면이 있다고 한다. 간짬뽕, 감자라면, 감자탕면, 갓비빔, 갓짜장, 건면세대, 고추짜장, 공화춘, 기스면, 김치라면, 꼬꼬면, 남자라면, 녹두국수 봄비, 놀부 부대찌개라면, 생생우동, 감자면, 너구리, 신라면, 참깨라면 등 별의별 라면이 다 있다. 각각 브랜드마다 이름도 다양하고 그 맛도 제각각이다. '라면이라면 역시 ○○이지!'라고 생각하는 것이 다들 하나씩 있을 것이다.

라면의 종류만큼 다양한 게 부모다. 우리가 알고 있는 부모의 종류라면 주로 권위주의적 부모, 민주적 부모, 방임적 부모 정도이지만, 부모세계 속으로 들어가 보면 부모도 가지가지다. 잘하는 부모, 잘나가는 부모, 잘하려는데 잘 안 되는 부모, 잘할수록 애가 엇나가는 부모, 잘하는 척하는 부모, 잘난 척하는 부모, 잘못하는 부모……. 이런 부모 저런 부모 등 자기 고백에 따른 부모와 아이 고백에 따른 부모를 종류별로 나누면 라면의 종류보다 많을 것이다.

역할도 달라지고 아이-부모 간 접근성과 속도도 달라지고 종류도 많아진 요즈음, 최고의 관심은 '부모라면'이다. 엄마'라면' 이래야 한다, 아빠'라면' 저래야 한다, 부모'라면' 그 방식이 맞다 등 수많은 정보와 의미부여에 요즘 부모들은 역할 정글에서 길을 잃었다. 라면 한 가닥의 길이가 보통 65cm, 한 봉지의 총 길이가 49m 정도인데, 부모는 짧으면 55년 길면 95년의 부모 역할을 하는 동안 20,075일에서 34,675일 사이 그 시간과 관계의 미로 속에서 자주 길을 잃는다.

'부모라면 역시 ○○이지!'라는 말에 우리의 '○○'은 무엇인가? 전문가들마다 부모 역할에 대해 수만 가지 방점을 찍고 옳다 그르다 말하면서 그 기준마저 불어터진 라면 같아진 이때, 이제 부모 스스로 자신만의 '라면'을 끓이기 시작해야 한다. 라면의 레시피는 참고이지 절댓값이 아니다. '부모'라면이지 부모'라면'이 아니다. '부모'라면은 나의 이야기이고, 부모'라면'은 그들의 당위 이야기이다. 우리가 아이들에게 남길 것이 무엇인가를 생각해본다면 '부모'라면에 대한 답이 가능하지 않을까. 우리가 아이들에게 남겨야 할 것은 재산이 아니라 스토리이고 문장이고 단어이다. 부모의 이야기로 아이들은 구공탄의 구멍 숫자와 동네 라면 이야기를 알고, 부모의 문장으로 곤로의 그을음이 사랑의 숯검정이라는 걸 확인한다. 그리고 부모의 단어로 아이들은 가스레인지와 전자레인지의 짧지만 강하고 접근성 강한 부모의 심장 온도를 알게 된다.

나만의 부모라면을 끓여야 아이들은 우리 집만의 부모 맛을 알게 된다. 부모가 그 라면에 이름을 붙여주어야 아이들은 그 라면의 이름을 부르고, 부모가 붙인 그 이름표에 인스턴트 라면은 명품식사가 되고, 그 식사는 기억과 자부심이 되고, 가장 사소한 이름으로부터 가족은 스토리를 시작하게 된다. 누군가 규정해준 부모가 아니라 이제 내가 내 부모 됨에 이름표를 붙이고, 이 이야기를 아이들에게 시작하자. 부모의 이야기, 부모의 문장, 부모의 단어로 끓여낸 부모라면은 핵가족에게 역사를 만들어주고, 욕망과 허기의 시대에 가족의 심리적 배를 불리며, 아이의 자존감의 심장이 힘차게 뛰도록 만드는 쫄깃한 인생 면발을 만들어낼 것이다. 자, 끓여보자 '부모'라면, 먹어보자 부모'라면'!

눈을 뜨고 꾸는 꿈

"눈을 뜬 채 꿈을 꾸었어. 푸른 강이 눈앞에 펼쳐졌는데 그 안에 크고 작은 물고기가 가득했어. 1인당 큰 물고기 세 마리만 허락된다고 했어." 구순을 바라보는 쇠약한 노인의 입에서 흘러나온 이야기다. 이 이야기를 두고 70대 아내는 기분 좋은 꿈이라고 했고, 40대 며느리는 앞으로 3년 정도 더 사시려나 하고 말하고, 10대인 손녀는 세 가지 소원을 이룰 것이라고 말한다.

세대마다 꿈을 달리 해석한다. 같은 소재 같은 그림에도 다른 해석 다른 기대를 한다. 가족이 다양해지면서 가족의 형태도 많이 달라졌다. 1인 가족, 다문화 가족, 노인 가족, 한부모 가족 등 가족구성원의 특징에 따라 다양해진 가족구조의 이름도 여러 가지다. 과거에야 그저 같은 시간에 일어나 같은 밥 먹고 같은 일 하다가 저무는 해를 같이 바라보고 같은 달빛에 미래를 빌었다. 그러나 이제는 각자 일어나는 시간이 다르고 밥 먹는 시간도 다르다. 일터도 다르고 귀가시간도 다르다. 서로 다른 곳에서 다른 사람들과 다른 일을 하며 살아가다가 잠시 무의식의 시간을 위해 한 곳에 모이는 가족들은 오로지 잠을 자기 위해 집에 오는 듯하다. 굳이 말을 바꾸자면 가족은 밤, 그 꿈꾸는 시간을 위해 집으로 모여든다.

할머니의 꿈에는 세월과 고투의 주제들이, 엄마의 꿈에는 현실과 생존의 이야기가, 딸들의 꿈에는 막연한 기대가 있다. 세대가 같은 대상을 다른 방식으로 바라보는 것은 처한 상황에 따른 결과이기도 하지만, 다른 문화적 해석이기도 하다. 저축과 건설의 시기를 통과한 할아버지 세대, 투자와 번영을 맛본 아버지 세대, 그리고 절세와 움츠림을 배우며 성장하는 자녀세대들은 각자 하나의 꿈을 풍요로, 현실로, 기대로 해석한다.

꿈이 세상을 지배하고, 신이 세계를 지배하던 시대가 있었다. 정보가 부족하고 불확실함이 컸던 그 시대, 꿈은 미래를 보여주는 요지경이었다. 과학을 배우고, 수학적 논리를 배우며 여전히 손에 기름을 묻혔던 시대가 있었다. 정보는 생겨났지만 미래가 이리 빨리 변해갈지 몰랐던 그 시대, 꿈은 심리학의 돋보기로 현실의 불안을 보여주는 시금석이었다. 우주시대가 열리고 분자음식을 눈으로 보고 입으로 먹는 지금 이 시대에 꿈은 새삼스러운 주제이고, 낡고 허망한 수다가 되었다.

그러나 이 시대에도 할아버지는 옛날이야기로 손주에게 과거의 꿈을 말해주고, 아버지는 성장통을 고백함으로써 아이들에게 현재의 꿈을 말한다. 그리고 아이들은 할아버지와 아버지의 꿈을 들으며 과거와 현재를 잇고 미래를 재구성한다. 시어머니는 장을 담그며 새벽이슬 속 드렸던 치성의 모습으로 며느리에게 꿈을 보이고, 며느리는 다림질을 하며 시어머니의 소망의 손짓을 아이에게 전달한다. 아이는 할머니가 빌었던 소망을 어머니의 다리미에 담아 매끈하게 다린 교복을 입고 학교에 간다.

어느 가족이나 꿈이 있다. 눈을 감고 꾸는 꿈은 개인의 꿈이고, 눈을 뜨고 꾸는 꿈은 가족의 꿈이다. 꿈이 개인의 기억에서 나와 가족에게 전달되면 가족 모두의 꿈이 되고, 모두의 꿈은 다시 개인의 기억 속에 들어가 개인의 꿈이 된다. 가족은 그렇게 세대의 꿈을 자신의 꿈의 거름으로 삼는다. 한 번도 살아보지 않은 시대의 이야기를 할머니의 꿈에서 본 손녀는 할머니가 애지중지하시는 장독을 열어 묵은 장맛을 살짝 보듯, 인류의 가장 바닥에 있는 집단무의식을 맛보게 된다.

나의 꿈은 반드시 가족의 꿈과 연결되어 있다. 그리고 부모의 꿈은 반드시 다음 세대에 직간접적으로 이어지기 마련이다. 모두가 바빠 만나기도 어려운 시대를 살며, 가족이라지만 만나도 꿈 얘기는 그저 실없는 이야기가 되어버린 시간을 살고 있다. 고개를 들어 하늘을 보라는 이야기는 몽상가의 이야기가 아니라 할머니와 내 어머니의 이야기였다. 지문이 닳도록 빌어대며 고개를 조아렸던 정안수는 그저 맹물이 아니라 가족 소망의 저수지였다. 언젠가부터 할머니의 정안수는 미신이라 치부하는 바보 같은 일이 되었고, 어머니의 다림질은 세탁소의 몫이 되어 세대의 꿈 이야기는 설자리를 잃었다. 실험 결과에 따르면 인간은 하룻밤에 2천 편 이상의 꿈을 꾼다. 2천 편 중 잠에서 깨기 전의 꿈이 가장 생생하게 기억나는 법, 그리고 모두가 잊혀도 이상하게 기억을 맴도는 꿈은 누구에게나 있기 마련이다. 잠을 자면서 꾸는 꿈이 아닌, 눈을 뜨고 꾸는 꿈은 모든 사람의 가슴 한켠에 순간순간 나타나곤 한다.

이제 이 글을 읽는 이여, 오늘 가족에게 꿈 이야기를 꺼내어보자. 그리고 내가 들었던 내 부모의 꿈 이야기 중 기억하는 조각을 꺼내어보자. 아이들에게 논리도 상황도 재미도 없는 꿈 이야기를 밑도 끝도 없이 시작해보자. 얼마 지나면 놀라운 일을 발견하게 될 것이다. 아이들이 자신들의 꿈 이야기를 시작할 것이다. 그리고 엄마의 꿈을 궁금해하고, 할머니의 꿈을 다시 물어볼 것이다.

가족의 대화가 중요하다고들 한다. 그러나 다들 할 말이 없다고 고민하곤 한다. 그렇다면 각자 꾸었던 꿈 이야기를 시작해 보자. 인간 공통의 현상인 꿈은 세대를 잇는 동아줄이자, 시대를 연결하는 사다리가 되고, 아이들을 이어내는 정서와 이해의 끈이 될 것이다. 오늘 당신은 어떤 꿈을 이야기할 것인가?

똥이 밭을 만나면 거름이 된다

인류의 모든 자식들은 부모 속을 썩여왔다. 기원전 2천 년 전 고대 이집트 벽화에도 '요즘 애들은 버릇이 없다'라고 써 있다니, 인류의 성장은 늘 속칭 '싸가지'와 함께 시작되었다고 봐도 될 것이다. 다른 면에서 보자면, 모든 인류는 버릇없는 존재였기에 발전이 있었던 같기도 하다.

아들이 아버지에게 덤비고, 딸이 엄마를 우습게 아는 순간은 크게 두 가지로 해석이 가능하다. 하나, 진정한 '싸가지'다. 반항이 목적이고, 일탈이 습관인 아이들을 앞에 두고 부모들의 시름은 깊어질 뿐이다. 둘째, 세대교체를 위한 진통의 순간이다. 이전의 낡은 세대가 새로운 세대의 거침없는 비난과 폭로를 견뎌야 하는 순간이자, 폭발적으로 성장한 새로운 유전자의 큰 기지개를 눈뜨고 지켜봐야 하는 고통의 순간이다.

물론 요즘 아이들의 반항은 과학의 발전보다 더 대단하고, 빅뱅의 순간보다 더 강렬하기도 하다. 부모세대가 감당하기에 버거울 뿐 아니라, 스마트폰에 영혼을 빼앗긴 아이들을 보며 여전히 살 날이 많아진 단군 이래 최대 장수시대의 주인공 할머니 할아버지들은 손주들의 세계에 들어갈 엄두도 내지 못한다. 그리고 그 반항은 몸, 정신, 정서 그 외 모든 것으로 가능하다.

다그치며 한 대 올려붙이려는 어머니의 손을 잡으며 비웃듯 "아, 이거 왜이러십니까?"라며 내려다보는 아들의 변성기가 지난 목소리는 이미 아이에 대한 몸의 통제가 끝났다는 것을 암시하는 알림음이다. 방문을 걸어 잠그고 SNS로 친구들과의 네트워크 속에서 길을 잃은 아이들은 스마트폰을 빼앗아도 어디서인가 공짜폰을 얻어와서 부모가 모르는 와이파이 숫자를 땡겨와 '이미' 사용 중이다. 부모 네트워크를 벗어나 신세계에 발을 들인 아이들의 속마음은 부모에게만 검열이 금지된다. 정서, 그 마음의 잠금쇠는 사춘기 호르몬이 최고치로 돌기 전부터 부모들이 풀 수 없는 수수께끼가 되었다. 아이를 만나기 위해서는 아이의 몸과 정신, 정서의 수수께끼를 안고 있는 성장의 스핑크스를 만나 그 답을 내야 한다.

가족이 되고, 가족으로 살아간다는 일은 참으로 어려운 일이다. 사실 결혼하는 것이 결혼하지 않는 것보다 힘들다. 대부분 아이를 낳는 것이 낳지 않는 것보다 힘들다. 결혼을 할 때부터 아이를 낳고 기르는 순간마다 모든 가족은 '더 어려운 길'을 선택한 셈이다. 생각해보라. 무자식 상팔자라고 자식 없이 사는 것이 같은 반 아이를 때려서 경찰서로 끌려간 아들을 빼내느라 경찰과 피해자 부모에게 연신 굽신거려야 하는 순간보다 쉽지 않겠는가? 결혼하지 않는 것이 바람을 피우고 몇 푼 되지도 않는 돈 가지고 치사하게 구는 남편의 비위를 맞추는 것보다 쉽지 않겠는가? 그 길이 어떻다는 것을 이미 부모세대에게 들어서 알고 있고 살아가면서 경험하고 있지만, 이상하게도 우리는 그 '더 어려운 길'을 여전히 걸어간다. 이미 돌아갈 수 없는 길이라서가 아니다. 새로운 선택을 하려면 언제든 할 수 있다. 불가피한 선택을 해야 하는 몇몇 경우도 있지만, 그런 불가피한 순간마저 우리는 가족의 고리를 끊지 않으려고 부단히 노력한다. 왜일까?

이런 바보 같은 행진을 계속하는 이유는 우리가 정말 바보이기 때문이다. 사랑에 눈멀고, 자식에게 속고, 거울 앞에 서 있는 나는 초라해짐에도 불구하고 계속 같은 선택을 하니 바보이다. 결혼이 지루해도 찰나 같은 기쁨이 기억이 되고, 자식이 속을 썩이고 반항해도 찰나처럼 지나가는 감동의 순간이 우리의 뇌리에 각인되어 속고 또 속으면서도 살고 또 산다. 긴 결혼 속에 오는 그 '찰나 같은 기쁨'은 무엇인가? 아이들과 살아가는 동안 놓지 못하는 '감동의 순간'은 무엇인가? 우리는 그것을 '사랑'이라고 부른다. 사랑은 상태가 아니라 순간이다. 다만 뇌에 깊이 각인되어 다시금 그 순간을 찾도록 만드는 강력한 마력이다.

우리는 처음부터 속을 썩여온 것이 아니라, 처음부터 사랑해왔다. 그리고 지금도 사랑하고 있다. 아이들의 반항은 부모의 사랑 속에서 기억이 되고, 배우자의 속삭임은 처음 사랑의 맹약을 통과하며 신뢰가 된다. 똥이 밭을 만나면 거름이 되고 싹을 내는 동력이 되어 세상을 풍요롭게 하는 비료로 쓰인다. 아이들의 반항이 부모의 사랑 안에서 삶의 거름이 되고, 배우자의 속삭임이 세월의 고통 앞에서 재기를 위한 명약이 된다. 거친 것이 부드러움 속에서 강점이 되고 포인트가 되게 하는 것, 짧은 호흡이 긴 아픔을 이기는 치유제가 되게 하는 것은 똥이 거름이 되게 하는 놀라운 기적의 첨가제, 바로 가족의 사랑이다.

사랑은 봄비처럼, 이별은 겨울비처럼

렘브란트의 첫 정인 사스키아의 몸매는 요즘으로 보자면 참으로 '꽝'이다. 늘씬하다 못해 깡마른 여인들이 한겨울에도 맨 다리를 내놓고 사는 요즘에야 통통하다 못해 넓게 늘어진 옷만큼 손도 터질 것 같고, 풍성한 치마로 가렸지만 아무리 봐도 그 치마를 지탱하는 것은 그녀의 배인 것 같은 사스키아는 렘브란트에게 잘 맞는 안경이었던 것 같다. 어떻든 렘브란트에게 그녀는 사랑이었다.

무명화가인 렘브란트를 유명인으로 만들고, 가난했던 시골화가에게 엄청난 지참금을 가진 지체 높은 집 처자는 그야말로 날개이고, 꿈이고, 새로운 체온이었다. 그러나 렘브란트가 그 날개, 그 꿈, 그 체온 때문에 그녀를 이용했던 것만은 아닌 것 같다. 그녀를 그린 그림은 화가의 사랑과 기쁨, 자신감을 물감 삼

렘브란트. 〈목가적 의상을 입은 사스키아〉.
1635. 캔버스에 유화. 124×98cm. National Galleyr, London.

아 그린 것 같으니 말이다. 그런 결혼 후 8년간 봄이었다. 낳아서 같은 이름을 지어준 두 딸 코르넬리아를 잃고, 아들 티투스를 얻는 대신 아내의 목숨을 값으로 치렀다.

그 후 두 명의 여인을 만났다. 그녀들과도 물론 충실히 사랑했던 것 같다. 가정부로 들어왔던 헤이르체, 스무 살 차이가 났던 핸드리케 모두 렘브란트와 그의 재능에 흠뻑 빠져들었다. 모두를 사랑할 수는 없으니, 사랑은 소송으로 이어지고 렘브란트는 말년을 파산과 싸우며 힘겹게 보낸다.

이제 우리에게는 그의 첫사랑과 두 번째 명예, 세 번째 혼란과 네 번째 고백이 그림으로 남아 있다. '빛의 화가'라는 수식답게 그는 빛처럼 사랑했고, 빛나는 명예를 얻었고, 빛 옆의 어둠 같은 혼란, 그리고 마지막 빛과 어둠이 녹아드는 고백의 삶과 그림을 남겼다. 렘브란트의 그림을 보면 참으로 뜨겁게 사랑하고, 차갑게 고백한다. 혼란이 있는 곳에서조차 빛과 어둠으로 그림에 생명을 불어넣는 렘브란트에게 사랑은 봄비 같고, 이별은 겨울비 같다.

우리의 사랑도 그렇다. 꽃망울에서 막 벗어난 맨살 같은 심장에 사랑이 오고, 견딜 만한 시점에 결혼으로 소속을 얻고, 그 안에서 혼란을 겪고, 마지막에 자신만의 고백을 하니 말이다. 봄비 같은 사랑으로 추억하고, 성장하는 날들에 얻었던 명예로 으

쓱하고, 당장 바닥까지 떨어질 듯한 삶의 소용돌이 속에 휘말린 적도 있었다. 그러나 마지막엔 늘 사랑했노라, 한때 괜찮았노라, 힘들었던 때도 있었노라, 그럼에도 여기까지 잘 왔노라 고백한다. 젊은 날엔 젊음을 몰라 빨리 지나갔으면 좋겠고, 여름에는 한없이 여름만 이어질 것 같고, 가을엔 책임이 과실처럼 떨어지고, 겨울이 되면 꽃피는 봄을 추억하고 그 봄의 재현을 꿈꾼다.

그러나 이별은 늘 차갑고 매정하다. 힘겨운 싸움을 마치고 기진맥진해진 군인처럼, 1만 킬로미터를 이동해 주인을 찾은 물건처럼 마음은 너덜너덜해진다. 그 와중에 이별이란! 이별하기까지 우리는 숱한 이별연습을 하느라 싸워도 보고, 잠시 헤어져도 보고, 지겨운 문자를 페이지가 모자라도록 보내보기도 하고, 슬쩍 옛 연인을 만나보기도 한다. 그때는 그렇게라도 해야 살겠다 싶으니 그저 생존을 위한 선택을 하는 것일 뿐이다. 그런 치열하고 뜨거운 생존 속에도 이별은 차갑기 그지없다. 이별은 준비하는 것이 아니라, 그냥 온다. 겨울을 준비해야 겨울이 오는 것이 아니라 그냥 오듯이 이별도 그렇다.

렘브란트는 한 번도 사스키아를 보낼 것이라 생각하지 않았을 것이고, 봄비 같은 사스키아 이후 삶에서 겪어야 했던 수많은 이별이 그토록 차가울 것이라 생각하지 못했을 것이다. 우리 역시 봄이 지나면 곧 겨울이 올 것이라 알지만, 그 겨울이 어떨 것인지는 누구도 알 수 없다. 그래서 많은 문호들은 "세상의 중심에서 사랑을 외치라"고 말하고, "지금을 즐기라"고 말하나.

그러나 우리가 잊고 있는 것도 있다. 봄비도 맞으면 춥다. '사랑은 봄비처럼 이별은 겨울비처럼'이라 말하지만, 봄비는 감기를 몰고 오고 겨울비는 독감의 지름길이다. 사랑과 이별 그 어떤 것도 우리 손아귀에 있지 않다. 그냥 그들의 통제에 우리를 맡기고 그저 덜 춥게 긴 팔 옷에 김장 정도나 하는 거다. 세상에 우리 마음대로 되는 일이 있기는 한가.

다만 우리는 그 봄비를 사랑이라 고백하고, 그 겨울비를 이별이라 말할 뿐이다. 예술은 우리를 구원하고 해석은 인생을 재구성하나니, 봄비 같은 사랑으로 예술 하고, 겨울비 같은 이별로 인생을 살아가자. 잃을 것 두려워하지 말고, 설익은 사랑도 즐기면서 말이다.

아이를 키우며 즐김이 빠지면 다큐가 된다. 즐겨야 비로소 사랑은 봄비가 되고, 이별은 겨울비가 된다. 오늘은 렘브란트 그림이나 검색해보면서 임현정의 〈사랑은 봄비처럼 이별은 겨울비처럼〉이나 들어보자. 이유 같은 건 묻지 말고 오늘은 그냥 그렇게 하기로 하자. 이 글은 여기서 끝이다.

세대의 뽀뽀

1981년 시작된 이래 〈뽀뽀뽀〉는 지금도 계속된다. 유아 프로그램의 대표 주자이자, 걸출한 스타들을 꾸준히 배출한 이 프로그램에는 두 가지 분명한 기억이 있다. 하나는 뽀미언니, 다른 하나는 〈뽀뽀뽀〉 주제가이다. 예쁘고 친절한 뽀미언니의 따스한 미소와 손짓, 그 손짓에 시선을 빼앗겼던 건 아빠였다. 그리고 〈뽀뽀뽀〉 노래에 한 표 던지는 건 역시 아이들이다. 30년 넘도록 기억하며 따라 하는 그 노래를 두고 세대는 하나가 된다.

할머니가 키운 아빠가 불렀던 그 노래를, 아빠가 낳은 아이가 부른다. 할머니가 아이와 함께 부르는 동요 〈뽀뽀뽀〉는 일명 가족찬가가 된 셈이다. 내용을 보면 '찬가(讚歌)'가 맞는 이유는 그 가사에 있다.

아빠가 출근할 때 뽀뽀뽀

엄마가 안아줘도 뽀뽀뽀

만나면 반갑다고 뽀뽀뽀

헤어질 때 또 만나요 뽀뽀뽀

아빠의 무관심이 필수라는 명문대 대신 사랑의 스킨십을 선택하고, 성적을 올리기 위해 학원으로 데려가는 엄마의 손엔 핸들 대신 따스한 체온을 전하는 포옹이 있다. 21세기 가장 두렵다는 가족의 어색함 대신 만남이 있고 반가움이 있고 따스한 접촉이 있다. 헤어짐은 다른 만남을 위한 그리움의 고백이 되어 잡은 손의 기억으로 남는다. 우리는 1981년 〈뽀뽀뽀〉 시작 이래 지금껏 이런 가족을 꿈꾸고 있다. 세대가 만나고 세대가 서로를 지키고 매만지고 위로하고 기다리는 세대의 소망이 이 노래에 있다.

1981년 한창 성장가도를 달려 성장과 발달 그리고 촉진으로 이어지던 1980년대를 넘어, 뽀미언니 노래가 랩으로 들리기 시작한 1990년대를 거쳐 21세기를 시작하며 울먹였던 위기의 순간들, 그리고 2019년을 넘기고 있는 지금까지 우리의 바람은 '가족'이었다.

위로의 자리로, 돌봄의 자리로, 속삼임의 자리로, 존경의 자리로, 희망의 자리로, 그리고 포옹의 자리로 남아주길 바라는 이 가족의 자리를 두고 지금도 뽀미언니는 노래를 부르고 〈뽀뽀뽀〉 노래는 아침마다 울려 퍼진다. 그사이 뽀식이는 환갑이 넘었고, 강렬한 뽀미언니였던 왕영은 씨는 홈쇼핑 대모가 되었다. 아침에 보았던 뽀식이를 예능프로그램에서 만나고, 뽀미언니가 파는 물건이 집 안을 채우고 있으니, 가족과 함께 늙어가며 식구와 함께 살아가는 셈이다.

노래 후반은 이렇게 이어진다. "우리는 귀염둥이 뽀뽀뽀 친구, 뽀뽀뽀 친구." 노래를 맺어가며 아이들은 귀염둥이가 되고, 함께 노래를 부르는 아이들은 친구가 되는 이 곡은 〈아리랑〉과 〈우리의 소원은 통일〉을 잇는 국민노래라 할 만하다. 만나게 하고 바라보게 하고 접촉하게 하고 고백하게 하는 이 노래를 전 세대가 부르니 말이다.

남과 북을 만나게 하는 '통일'과 세대가 만나게 하는 '기억'은 '가족'이라는 온실에서 만난다. 오랜 세월 동안 흩어졌던 가족이 만나는 이산가족의 상봉을 보고 흘렸던 눈물을 기억한다. 66년 만에 만난 70대 아들에게 90대 아버지는 코트와 목도리를 벗어주었다. 치매로 자식을 잊은 어머니는 사랑의 기적으로 아들을 알아보고 평생 아껴두었던 금가락지를 빼어 떠나갈 아들의 손에 쥐어주었다. 코트와 목도리의 온도, 세월에 닳아 채 한

돈도 되지 않을 금가락지를 끼었을 때 느껴질 어머니의 굽은 손가락 온도, 이게 뽀뽀다. 만나면 반갑다고 하는 뽀뽀이고, 헤어질 때 또 만나자고 하는 뽀뽀이다.

남과 북이 만나도 뽀뽀를 하고, 가족이 가족을 만나도 뽀뽀를 하고, 세대가 세대를 만나도 뽀뽀를 한다. 그러니 뽀뽀는 서로를 돌아볼 세대의 인사이자, 분단의 비극을 마무리할 인사이다. 가족의 뽀뽀가 그립다. 가족들이 더 많이 뽀뽀했으면 좋겠다. 매일 뽀뽀했으면 좋겠다. 아빠의 뽀뽀가, 엄마의 뽀뽀가, 할머니의 뽀뽀가, 할아버지의 뽀뽀가 우리의 뽀뽀가 된다. 가족의 뽀뽀가 세대의 뽀뽀가 되고, 세대의 뽀뽀는 이제 곧 세기의 뽀뽀가 될 것이다. 가족의 뽀뽀가 모여 세대통합의 그림이 되고 통일 모자이크가 될 것이다. 가족들이여, 불러보자 뽀뽀뽀, 해보자 뽀~뽀!!

온도의 탄생

홀로 살아가는 사람들에게 중요한 요소를 꼽으라면 의식주(衣食住)를 생각하겠지만, 이들에게 가장 중요한 요소는 '온도'이다. 뜨거울까 고민이지만, 좀처럼 뜨거울 일 없는 이들이 바로 홀로 살아가는 이들이다. 최근에야 혼밥족이니 혼술족이니 혼영족이니, 이른바 혼자 노는 것의 진수를 보여주는 '혼놀족'의 세상이라지만, 이들 역시 '따뜻한 밥'이 필요하고 '후끈해지는 술'이 필요하고 '짠한 영화'에 가슴 뛰고 싶고, 들이대듯 '땀나는 놀이'가 필요하다.

항온동물인 인간의 습성인지, 모든 인간은 '온도'를 향해 끊임없이 달려간다. 목표가 없으면 혼자 달려서라도 온도를 만들어내고야 만다. 만일 온도를 만들어내지 못하면, '온도'는 '우울'이 되고 '질주'는 '절망'이 된다. 그러고 보면 온도야말로 사람이 살아있다는 것이고, 사람이 살아야 할 공간이다. 그렇다면 온도는 어떻게 만들어질까?

물리학에서 보자면, 열역학 제0법칙에 기초하고, 에너지와 엔트로피 간의 이해가 높아지면서 파생되어 나오는 것이다. 즉 에너지를 엔트로피로 잘게 쪼갠 값으로 나타나고, 이는 늘 계의 평형이라는 상황에서만 정의될 수 있다. 말이 좀 어렵지 않은가? 이를 좀 쉽게 풀어보자면, 결국 온도는 늘 안정적인 환경에서 만들어지고 측정될 수 있다는 말이다.

그럼 양육의 온도는 어떻게 측정될까? 뜨거우면 죽을 것 같고, 차가우면 간절한 것이 양육의 온도이다. 치열함은 늘 고통을 수반하고, 현장은 그보다 더 고통스럽다. 치열한 순간에서 내려오면 숨을 쉴 수 있을 것 같고, 육아에서 벗어나면 덜 고통스러울 것 같다. 그럼 '치열함'과 '탈출'의 중간 정도면 가장 안정적이고 편안할 것 같지 않은가? 바로 그 '치열함'과 '탈출' 사이에 있는 이들이 부모들이다. 직장의 치열함은 벗어났으니 뜨거워 죽을 일은 없고, 주부라 실직할 일은 없으니 고통의 끝자락에 있는 것도 아니다. 이만하면 온탕과 냉탕의 중간지대쯤인 '미지근'지대라 좋을 것 같지만, 이 '아이'란 존재가 덥거나 뜨거워야 대접 받고, 미지근하면 뱉어내기 일쑤다.

치열함의 경력도 있고, 피할 수 없는 현실도 겪은 '경력직 부모'는 과연 둘 다를 가진 인류인가? 오히려 경력은 시대에 뒤떨어지고, 새로운 일을 하기에는 이리저리 붙잡는 현실이 너무 많아 사회적으로는 저생산 예상 그룹이 바로 '부모'다. 누가 돈을 주기를 하나, 오로지 투자이고, 작은 조직에 그나마 생산 감각과 조직세계 감각이 떨어지고, 갓 젖 떨어진 갓난아이는 수시로 아프고, 시댁식구가 와도 조퇴하고 가야 하는 시월드 최적화 조직원의 사회적응 신고식은 호되기만 하다.

그러나 새로운 육아경력을 시작으로 여성들은 '아줌마'나 '~엄마'가 되고, 남성은 '아저씨'나 '~아빠'가 되며 우아한 육아를 꿈꾸지만 당장 그 자리에서 쉬고 싶은 휴먼(休man)이다. 남성, 여성, 그리고 제3의 성인 '부모'가 아니라 사람답게 살고 워라밸도 해가는 욕망의 암수, 부모! 이제 사회가 돕겠다고 나섰으니, 그리고 일을 하겠다고 나섰으니, 이제는 육아도 좀 나아질 거다. 호칭은 관계와 역할을 규정하니, 역사적으로 한 가지 이름으로 불리던 부모들에게 어떤 이름이 좋을까 생각하는 사람들이 필요하다. 더 많은 사람들이 이들에게 새로운 이름을 지어주려고 할 때, 새로운 가치가 창출되고, 새로운 세상이 만들어진다. 이들에게 새로운 이름을 지어주려는 자들이야말로 너무 뜨겁거나 지나치게 차가운 생명에 온도를 불어넣어주는 자들이다. 이들 한 사람 한 사람이 온방을 데우는 군불이고 장작이 된다. 생명의 자궁이자 사회적 자궁인 부모들이 바로 생명을 일구는 자들이다. 스스로에게 입김을 불어넣어서 생기가 도는 사람은 없다. 누군가의 외투가, 누군가의 군불이, 누군가 하나씩 집어넣은 장작이 불이 되고, 에너지가 되고, 엔트로피가 되어 방을 데우는 온도가 된다. 온도는 늘 탄생한다. 에너지와 엔트로피로 탄생한다. 그리고 온도는 다시 에너지가 되어 사람을 데우고, 그 사람은 다시 땔감을 위한 장작을 패고, 볏짚을 말리기 시작한다. 우리의 온도는 그렇게 다시 돌고 돌아 다른 온도를 탄생시킨다. 인류가 그렇게 빙하기를 거쳤듯, 힘겨운 육아의 방바닥은 이 사회구성원 하나하나의 에너지로 데워져 결국 이들에게 따스하고 새로운 이름이 된다. 이제 새로운 이름을 붙여보자. 온도를 불어넣어보자. 새로이 시작하는 부모들에게 당신은 어떤 이름을 붙여줄 것인가?

미래소년 코난과 명탐정 코난: 부모가 쓰는 역사

〈미래소년 코난〉을 안다면 부모세대이고, 〈명탐정 코난〉을 안다면 그 역시 부모일 것이다. 1978년 일본에서의 방영을 시작으로 우리나라에서는 1982년 10월, 붉은 머리를 질끈 묶은 포비와 돛대 끝에 선 라나, 그리고 100층도 넘어 보이는 건물에서 떨어져도 발바닥부터 정수리까지 온몸을 부르르 떨면 언제 그랬냐는 듯 다시 달리기 시작하는 놀라운 발가락 소유자 〈미래소년 코난〉이 시작되었다. 그리고 1996년 일본 요미우리 TV에서 방영을 시작하여 2000년 우리나라 KBS TV에서 더빙방송으로 시작된 수퍼홀릭 추리 애니메이션, 도무지 이해 안 가는 작아지는 비밀과 나비넥타이형 음성변조기부터 마취총, 귀걸이형 휴대폰 등 최첨단 IT기기로 무장한 3등신 초딩 영웅 〈명탐정 코난〉이 있다.

미래소년 코난과 명탐정 코난은 동명이인이자 시대의 초딩 영웅이고, 작은 신장에 괴력 혹은 명민함을 가지고 있으며, 아련한 순수함과 나름의 유머를 장착한 20세기와 21세기 영웅이다. 각기 부모세대와 자녀세대가 함께하는 2세대 영웅이자, TV 애니메이션 드라마이자 극장판이 또 다른 사랑을 받았고, 소장 및 반복 재생하는 철벽 팬층을 확보하고 있다. 어벤져스가 가진 남다른 외모나 타고난 능력보다는 어딘가 친숙하고 도와야 할 듯 어리숙하며, 심지어 결핍도 있다. 이 두 코난의 부모는 어디 있나?

명탐정 코난의 부모는 외국을 떠돌아다니며 정작 자신의 아이는 남의 집에 맡겨두었으니, 부모가 있으나 일상은 늘 부모의 결핍이었다. 미래소년 코난은 할아버지와 함께 홀로 남은 섬에서 물에 떠밀려온 라나를 만나 철의 섬 인더스트리아를 찾아 나서는 동안 늘 씩씩한데, 그 씩씩함에는 할아버지에 대한 기억이 가끔 있을 뿐이다.

그러나 이 두 명의 코난에게 결핍은 새로운 창구가 된다. 우리에게 결핍은 늘 고통과 동가로 이해되고, 서로 맞물리다가 그 주인을 잡아먹는 주제로 알려져 있다. 그리고 모든 부모는 살아오며 상처 받는다. 별 볼 일 없는 부모를 만나 자라다가 학교를

다니고 직장을 갖고 결혼을 하고 아이를 낳아 키우는 동안 부모도 모르고 배우자도 모르는 숱한 인생의 깊은 심장 상흔을 갖고 성장했을 것이다. 때로는 가볍게 그러나 때로는 심각하고 고통스럽게, 상처는 과거의 지점에서 성인이 되어 부모가 된 우리를 괴롭히고 여전히 우리를 어린 시절 고통의 시점에 가두어버리기도 한다. 그런데 부모도 없는 두 코난은 어찌 그리 씩씩할까?

이 세상의 모든 관계는 해석이다. 누군가는 코난의 발가락 힘을 가졌을 것이고, 누군가는 포비의 몸집을 닮았을 것이고, 누군가는 라나의 헤어스타일을 그리고 누군가는 명탐정의 키를, 그리고 누군가는 코난 도일의 순발력과 추리력을 가졌을 것이다. 그러나 그것이 내 것과 비슷하다는 생각은 전적으로 자기해석에서 나온다. 해석을 통해 미래소년 코난은 내가 되고, 해석을 통해 명탐정 코난도 내가 된다. 그렇게 동일시가 이루어지고 그렇게 관계는 기억으로 연결된다.

어느덧 성장했고, 이미 커버리다 못해 나이 들어가고 있는 우리 부모들. 돌아보면 상처요, 아직도 떨고 있는 분노가 있을 수 있다. 의도하지 않은 결핍에 힘들었던 때가 떠오르고 내 상처 때문에 아이에게 감정을 쏟을 때도 많았을 것이다.

그러나 상처만 있는 사람은 없다. 누구나 상처가 있지만, 이 글을 읽으며 필자와 함께 시공간을 함께하고 글로 눈과 마음을 맞출 수 있는 유일한 이유는 하나다. 우리는 상처받은 적도 있지만, 회복된 적이 훨씬 많기 때문이다! 수치와 모욕과 고통과 분노를 통과하는 순간도 있고 아직도 그 생각을 하면 심장이 서늘해지지만, 잘 넘겼던 순간들과 나를 도와주었던 그 사람들을 생각해보고 이를 손가락으로 꼽아보면 상황이 고맙고 그 사람들이 아련하다.

상담자의 또 다른 이름은 '상처 입은 치유자(wounded healer)'이다. 누구나 상처받았지만, 누군가는 치유자로 살아간다. 그러나 우리 부모들은 선택해야 할 것이다. 상처만 가진 자(wounded)로 살 것인가, 아니면 치유자(healer)로 살 것인가! 나의 과거가 유전과 양육을 통해 마주한 또 다른 나인 내 아이들에게 상처의 재생산이 되기보다는 선택한 치유자의 모습이면 얼마나 좋을까? 그런 부모를 '믿을 수 있는 1인'이라고도 부를 수 있을 테니, 이제 우리는 두 코난의 선택을 배워보자. 결핍이 성장의 힘이 되고 이타적인 도움의 원동력이 되고 세상을 구할 영혼의 에너지가 되는 두 코난의 이야기를 보고 자라고, 이제 아이들에게 들려주는 나이 들어가는 우리 부모들이여! 아이들의 진짜 영웅은 미래소년 코난과 명탐정 코난이 아니라 일상에서 힘찬 팔로 나를 들어 올려주고, 눈물범벅이 된 아이에게 "엄마 아빠가 있잖아!"라며 속상함을 콕콕 집어내고 기꺼이 맨손으로 콧물을 닦아주는 그 괴력의 손가락의 주인공. 바로 그 사람이 아이들에게는 미래소년 코난이고, 명탐정 코난이다. 그리고 바로 그 사람들이 위로자인 상담자이고, 상처 입은 치유자이고, 아이들 전 생애의 영웅이며, 아이들은 그들의 이름을 '부모'라 부른다!

이름을 부른다는 것은 사랑한다는 것이다

하루 평균 430명이 이름을 바꾼다. 평생 행정과 일상의 문신을 가지고 살아야 했던 언년이, 만돌이는 서연이와 현우로 그 이름을 바꾸고 이전의 기억을 툭 털 수 있게 되었다. 평생 속상했을 이름들이 간혹 있지만, 이젠 이름도 맘에 안 들면 바꿀 수 있는 세상이 되었으니 오래 살고 볼 일이다.

그런데 꺼진 불 다시 보듯, 잘 지은 이름도 돌아보게 되는 때가 있다. 자인(玆仁)이라는 이름은 '이런 사랑'이라는 뜻이라지만, 자인이라 그런지 자도 너무 잔다. 이름 때문인지, 지 아빠를 닮아서인지 혹은 둘 다인지 알 수 없으나 하여간 너무 잔다. 아, 정말 이름 때문일까? 그럼 이름을 바꾸면 자인이는 덜 잘까? 이름을 '김불면'으로 바꾸어도 잘 자던 자인이는 그대로 잘 가능성이 크다. 참말로, 이름이란 뭘까.

신은 인간에게 이름을 붙여주었고, 그리고 다시 그 인간에게 만물에 이름을 붙일 권한을 주었다. 콕 튀어나와 먹거리가 되는 건 '콩'이라고 이름 붙였고, 호령하는 그 동물은 '호랑이'라고 지었을 거다. 이름의 시작이 신이건 우리이건, 우리가 아는 대부분은 이름을 가지고 있다. 그리고 일단 그 이름을 알고 나면 그 대상을 볼 때마다 '내가 너를 안다'는 의미로 이름을 부른다.

부모는 신이 하듯, 첫 생명에게 이름을 붙였다. 그 생명이 꿈틀거리기 전에 잘 크라고 '쑥쑥이', 건강하라고 '튼튼이', 예뻐서 '사랑이', 사랑스러워 '꼬물이' 등 보지 못한 그 생명에 태명을 붙였다. 얼굴 한 번 본 적 없는 그 생명의 이름을 열 달 내내 불렀다. 모르는 존재를 아는 이름으로 부른 셈이다. 그리고 아이는 모체와의 이별로 엄마와의 첫 만남을 가진다. 탄성과 울음이 터지며 일어나는 생명 간의 첫 조우! 고통스러운 이별을 통한 가장 뜨거운 만남에 울리는 첫 소리, '쑥쑥아!' '튼튼아!' '사랑아!' '꼬물아!' 이 익숙하지만 낯선 생명은 양수 속 굴절된 소리를 이제 또렷한 주파수에 맞추어 듣고 답한다. 눈을 깜빡이기라도 하면 부모는 신을 만난 듯 기뻐한다.

그리고 잉크로 쓰이고 행정포대기로 싸여 첫 이름을 갖게 되면서 아이는 사회적 존재로 태어난다. "자인아!" 부르고 또 부르며 부모의 입에 익숙해질 무렵 아이는 자신의 존재를 이름으로 확인한다. 이름을 부르며 눈을 맞추고, 이름을 부르며 젖을 먹이고, 이름을 부르며 까꿍놀이를 하고, 이름과 함께 기저귀는 뽀송해진다. 그러자 이름을 부르니 눈을 뜨고, 이름을 부르니 웃고, 이름을 부르니 다가오고, 이름에 대답하게 된다. 이름과 함께 생명은 아기가 되고 자식이 되고 가족이 된다.

부모는 아이의 이름을 처음 부르며 눈을 내어주고, 두 번째 부르며 심장을 내어주고, 세 번째 부르며 그 생명을 내어준다. 이름을 부른다는 것은 그 생명을 있게 하고, 살게 하고, 움직이게 하고, 사람이 되게 하는 과정이다. 그리고 이름을 부르며 우리는 그에게 눈멀고 귀먹으며 벗어날 수 없는 사랑에 빠진다. 이름을 부를수록 사랑한다. 더 부를수록 더 많이 사랑한다. 우리는 이름으로 사랑에 빠진다.

그리고 이름으로 그 존재에 의미를 부여한다. 가장 빛나는 삶을 위한 값진 이름을 위해 묵혀두었던 옥편을 넘겨가며 밤새워 고민하고, 웃어른들을 찾아다니고, 사주팔자 최고운명을 위해 작명소를 찾기도 한다. 그렇게 우리가 그의 이름을 불러주었을 때 그는 우리에게로 와 꽃이 되었다. 그 모든 수고와 노력과 발품은 의미를 부여하는 두 번째 출산이요, 이름이 갖는 사랑의 무게이다.

또한 우리는 이름으로 사랑을 고백한다. 부드러운 어조로 부르는 이름은 멜로디가 되고, 이름은 가사가 되고, 곧 노래가 된다. 이름이라는 사랑은 부모의 성대를 타고 엄마의 높고 깊은 노래로, 아빠의 낮고 안정적인 노래로 아이의 심장을 뛰게 하는 메트로놈이 되고, 아이의 혈관을 달리는 헤모글로빈이 되어 아이의 몸과 영혼에 전달된다. 그 사랑으로 아이는 숨쉬고, 눈뜨고, 성장하고, 성숙한다.

이름은 부를수록 그 존재가 커진다. 아이는 이름을 양분 삼아 자라고, 풍선처럼 커지며 존재를 드러낸다. 이름이 아이를 키운다. 그러니, 부르자. 노래하듯 이름을 부르자. 춤추듯 이름을 추자. 부를수록 키우고, 더 부를수록 가꾸게 되니, 참으로 이름을 부른다는 것은 사랑한다는 것이다.

설이랑 본이랑

2006년 KBS2 TV 동요대회 프로그램 〈누가누가 잘하나〉에 출전한 두 자매가 〈나의 방〉이라는 곡으로 최우수상을 받았다. 설이가 언니, 본이가 동생으로 실제 자매 사이인 이들은 귀여운 목소리와 깜찍한 율동으로 큰 박수를 받았는데, 이 자매가 부른 〈나의 방〉이라는 곡의 가사는 다음과 같다.

커다란 네모가 하나 둘 셋 넷
서로 기대어 마주 보며
나란히 손을 잡고 내 방 되었죠
장난감병정 발 맞춰 행진하고
인형아가씨 춤을 추며 노래해
나의 방은 조그마한 나만의 꿈에 궁전

그 속에선 언제나 내가 왕이죠

내용으로 보면 내 방이 새로 생겼고, 거기에 좋아하는 장난감이 있으니 참 좋다는 말이다. 장난감병정과 인형아가씨의 슬픈 이야기도 내 방에서는 최고의 즐거움이고, 방이 몇 제곱미터이건 벽지만 붙어 있으면 그저 최고의 공간이다. 요즘 우리는 무엇으로 기쁜가.

노래를 부르고 율동을 하는 두 소녀를 보면 언니라 기쁘고 동생이라 신나는 것 같지는 않다. 손을 맞잡기도 하고 눈을 맞추기도 하지만, 여느 자매들이 그렇듯 썩 사이가 좋을 것 같지는 않다. 방송이 끝나고 긴장이 풀리고 집으로 돌아가는 길에 치킨을 먹고 배가 부르면 가는 내내 울며불며 싸울지도 모른다. 우리가 그랬듯 말이다. 그러나 이들은 같이 무엇인가를 함께했던 것으로 기쁘고, 그 기억으로 수다를 떨고, 과거의 기쁨을 현재로 추억할 것이다.

좁디좁은 방에 두 개뿐인 장난감에도 내가 왕이라는 아이들의 노랫말과 비교해보면 우리는 방이 두세 개씩 되고, 이제는 가방이나 액세서리, 화장품 등 장난감을 대체하고 있는 것들이 주변에 가득하다. 여자들의 몸만 봐도 나를 위한 선물이자 나의 취향을 단적으로 보여주는 일상의 토이(toy)들로 가득하다.

더 큰 집, 더 많은 것을 소유하면서 우리는 얼마만큼 기쁜지 궁금하다. 객관적 지표로 보자면, 2016년 세계행복지수에서 전 세계 157개국 중 우리나라는 58위를 기록했다. 이게 높은 건지, 낮은 건지 잘 모르겠으나 전해인 2014년보다 11위가 떨어진 순위라니 우리는 행복하고는 조금 더 멀어진 것 같다는 생각이 든다. 물론 1위는 덴마크다.

우리는 왜 행복감이 떨어질까? 일상이 그다지 안 기쁜가? 주변에 보면 다들 얼굴이 밝기만 하더구만. 게다가 다들 스타벅스 커피 한 잔씩 하면서 100만 원에 가까운 스마트폰을 꽤 값이 나가는 가방에서 꺼내어 들고 비싼 브랜드 운동화를 신고 걸어가면서 맛집을 찾고 있더구만, 그런데도 안 행복한가? 참 알 수 없는 일이다. GDP 11위의 위업에 빛나는 경제대국에 기초연금도 실행되고 있는 우리나라에서 도대체 뭐가 문제일까?

거창하게 경제와 사회, 문화와 세계 통화 흐름 등을 운운하고 싶지는 않다. 사람들을 만나 심리를 분석하고 삶을 더 낫게 해석하고 움직이도록 돕는 직업을 가진 나로서는 다른 생각이 든다. 왜 불행한지는 설명이 길 테니 접고, 어떻게 하면 좀 더 행복해질 수 있는지는 설명할 수 있을 것 같다. 답은 위에서 보았던 노래에 있다.

위의 가사에서 보았듯, 〈나의 방〉이라는 노래는 내가 왕이 되는 방법을 알려주는 지구상에 몇 안 되는 곳이다. "이 방에서는 내가 왕이다"라는 것은 '나는 좋다', '이만하면 만족한다'라는 의미일 테니 답은 저기에 있을 것이다. 일단 가사를 보면 내가 왕이 되는 방법은 생각보다 간단하다. 첫째, 4개의 벽면 각 모서리가 닿아 있는 방이 있으면 된다. 둘째, 장난감병정과 춤추는 인형이 있어야 한다. 가사에서는 이 두 가지만 충족되면 왕이 된다. 그러나 사실 이것만으로는 왕이 될 수 없다. 우리가 왕이 되는 길은 오히려 가사가 노래가 되어 들리는 순간에 있다. 이 가사는 노래가 되고 이 노래를 설이'랑' 본이'랑' 부를 때 우리는 가사 속에서 왕이 되고, 그 노래로 행복한 최우수상이 된다.

프로페셔널의 기준이라는 know-how에서 'know', 즉 정보라는 것은 이제 넘쳐나는 세상이 되었다. 구글에 들어가고 녹색창에 단어만 쳐도 엄청난 정보가 쏟아지는 세상이다. 오히려 지금 우리에게는 이 'know'가 어떻게 우리의 일상에 들어와 피가 되고 살이 되고 관계가 되고 일상이 되고 일생이 될 것인가가 훨씬 더 중요하다. 가사에 곡조가 붙어 노래가 되고, 자매가 눈을 맞추고 손을 마주 잡으며 아기자기 부를 때, 비로소 벽은 모서리가 닿아 방이 되고, 장난감병정이 행진하고, 발레리나는 춤을 추며, 거기서 나는 춤추며 노래하는 왕이 된다. 왕이 되고 싶은가? 그래서 행복해지고 싶은가? 그렇다면 '랑'하자. 설이'랑'

본이'랑' 불러야 곡은 살아 움직인다. 아이들의 토이(toy)는 나의 엄마'랑'이어야 기쁘고, 아빠'랑' 함께할 때 신나고, 형제자매'랑' 같이 먹는 치킨이어야 더 맛있고, 가족이'랑' 함께할 때 우리의 가사는 비로소 노래가 된다. 행복이 간절한 세상 속에 우리도 설이'랑' 본이'랑' 같이 나의 방에서 '왕'이 되어보자. 노래방도 시들한 요즘, 손을 흔들고 노래할 '랑'을 찾자. 신부는 신'랑'을 찾고, 고독한 자는 사'랑'을 찾고, 너는 나'랑' 놀자!

경악에서 역사의 실을 뽑다

“무슨 반찬?” “개구리 반찬!” 요즘은 있을 수도 없는 일이다. 개구리 반찬이라니! 물론 과거에도 개구리를 반찬으로 먹지는 않았다. 가끔 개울가에서 이른 봄 작대기로 들쑤셔댄 바위 밑에서 잠이 덜 깬 개구리를 잡아 뒷다리를 삶아먹거나 구워먹던 일은 있었다. 메뚜기도 먹고 잠자리도 먹었다(잠자리를 먹는 일에는 이견이 있을 수 있고, 혹자는 ‘고추잠자리는 맵다’는 농담을 할 수 있으나 잠자리도 먹는다). 부모세대에게 이 먹거리들은 전설의 뽀빠이나 자야, 폴라포, 쫄쫄이, 아폴로와 같은 과자 수준으로 매칭이 가능하지만, 요즘 아이들에게는 전하는 스토리만으로도 경악이다.

개구리, 메뚜기, 잠자리를 먹는 세대라면 호모 에렉투스나 네안데르탈인 정도로 여길 수 있겠지만, 이 야만은 불과 30~40년 전 이야기이다. 이야기를 들으며 아이들은 앞으로 엄마의 입에 낀 김 조각이 메뚜기 다리처럼 보일 수도 있고, 김장김치를 먹은 아버지의 치아 사이에 남은 고춧가루가 고추잠자리의 사체로 느껴질 수도 있을 것이다. 의아해하고 기막혀하면서도 아이들은 아버지의 무용담을 생각하고 어머니의 어린 시절을 절묘하리만큼 자세히 상상하게 된다. 싫고 징그러운데 어찌된 일인지 이 혐오의 이야기는 상상과 머릿그림이 되어 성장하여 부모가 된 이들의 입을 통해 "할아버지가 말야 개구리를, 할머니가 말야 잠자리를" 하며 전달된다. 우리는 경악에서 구전을 추출해낸다.

아이들은 할아버지에게 개구리 사건의 팩트를 묻고, 할머니에게 고추잠자리는 정말 매운지를 캔다. 할아버지는 개구리를 넘어 "뱀 가죽을 쭉~ 벗겨 먹고 니 아빠를 낳았다" 말하고, 할머니는 "잠자리는 역시 머루덩굴에 말아 고추장에 찍어야 제맛이고 그 힘으로 니 엄마를 가졌다"고 답한다. 아이들의 오장육부는 긴장하고, 뱀에 소름 돋고, 머루덩굴 고추장에 동공이 최대로 확대된다. 나의 근원인 아버지는 뱀에서 태어났고, 내 어머니를 감쌌던 탯줄이 머루덩굴이었다니!

이후 아빠 눈은 뱀눈으로 보이고 엄마 손가락은 머루덩굴같아 보인다. 그러나 그렇게 《해리 포터》의 이야기는 태어났다. 숱한 이야기들의 변형과 해석을 통해 《반지의 제왕》도 탄생했고, 짱구와 액션가면도, 영화 〈1987〉도 그렇게 태어났다. 누군가 시작한 이야기로 우리는 세계를 구성하고, 작품을 만나고, 그 속에서 희로애락을 경험한다. 모든 경악의 움직임과 탄성의 호흡에는 이야기가 있었다. 그 이야기에는 집집마다 다른 김치맛의 이유가 있고, 서로 다른 도시락 반찬의 증언들이 숨었고, 아버지의 첫 고백이 스며 있고, 어머니의 첫 출산 스토리가 있다.

역사는 작은 이야기들이 구성하는 거대한 모자이크다. 사람의 이야기들이 만들어내는 거대한 장면의 합, 그 역사 속에 우리는 아이들에게 어떤 역사로 기억될까? 아버지 하면 떠오르는 일화는 무엇일까? 어머니 하면 떠오르는 이미지는 어떤 것일까? 우리 집 하면 떠오르는 단어는 무엇일까? 우리는 어떤 스토리를, 어떤 문장을, 그리고 어떤 단어를 아이들에게 역사로 남기고 있나?

잠 못 자가며 돈을 벌고, 밤을 새가며 아이의 열덩이 몸을 닦아주어도 아이들은 알지 못하고 기억하지 못한다. 아버지가 회사에서 이러이런 일로 열폭했고, 저러저런 일로 엄마가 상사와 맞짱을 떴다고 말해주어야 아이들은 부모의 일터를 안다. 엄마의 불면의 시간 동안 젖을 못 빨던 아이를 보며 같이 울었고, 오줌에 미끄러져 다친 머리를 수건으로 감고 응급실로 달렸던 아버지 이야기를 해주어야 부모를 안다. 본 것으로 자부심을 느끼고, 들은 것으로 사랑을 본다. 우리는 아이들에게 어떤 작은 이야기 조각으로 우리 가족의 역사 모자이크를 만들고 있는지 생각해보자. 그리고 이제 엄마의 성장을 말해주고, 아버지의 귀여운 만행과 허세도 적절히 섞어 부모의 숨은 재미난 역사를 들려주자. 풍부한 이야기가 없고 그럴듯한 사건이 아니라 해도 전혀 문제되지 않는다. 왜냐고? 아이들에게 부모는 그 자체가 역사이고 근원이기 때문이다. 우리도 성장할 때 본 것이 전부일 뿐 내 아버지 어머니의 이야기와 신발 크기를 알지 못하듯 우리의 아이들도 우리의 역사와 꿈을 알 수 없다. 역사가 없는 생명집단은 없고 인류는 늘 고백의 역사로 생명을 싹틔웠다. 말해야 안다. 입이 열려야 비로소 역사가 시작된다.

오늘 가장 사소한 이야기를 시작하자. 경악에서 구전의 실을 뽑아보자. 일단 뽑힌 실에서는 기적이 일어난다. 나도 모를 신의 조화가 일어나며 아이들 귀로 들어간 구전의 실은 아이들 심장의 동맥이 되고 정맥이 되어 그의 온몸을 돌아 뇌로 스며, 드디어 그 속에서 역사의 옷을 지어 입게 될 것이다. 과거가 현재를 입히고, 그리고 아이들은 과거로 지어진 현재의 옷을 입고 미래의 문을 박차고 나아갈 테니. 자, 오늘밤부터 이야기를 시작하자, 역사의 실을 뽑자!

사랑은 권력인가?

'나도 당했다'는 미투(Me Too!) 열풍이 불고 있다. 고통의 고백을 통해 세상을 바꾸어가는 역사적 조류가 흐르고 있다. 그리고 '나도 당했다'라고 말하는 또 다른 사람들이 있다. 부모들이다. 부모들의 이 고백들은 '위 올쏘(We Also!)'라고 할까?

힘들게 시작한 육아를 앞두고 부모는 임신의 감격으로 서로를 끌어안았고, 출산의 통증 앞에서 떨리는 손을 부여잡았다. 첫 울음 소리를 들으며 눈물과 탄성이 터져 나왔고, 젖을 빨고 눈을 맞추는 아이의 망막 속으로 들어가고 싶었다. 시간의 신이 아이를 키워내며, 아이는 뒤집고, 기고, 서고, 걷고, 달린다. 옹알이를 하고 의미 없이 뱉은 '음~마' 소리에 아이가 자신을 알아보고 불렀다며 엄마는 세상에 둘도 없는 거짓말쟁이가 되고, '압~아'라는 말에 아빠는 아이가 자신의 눈을 똑바로 쳐다보며 세상의 중심에서 아빠를 외쳤다고 SNS마다 올림픽 메달이라도 딴 듯 말과 영상의 축제를 벌인다. 그렇게 신은 부모의 눈에 꺼풀을 씌우고 심장에 박동기를 달고 손과 발에 모터를 달아 아이를 향해 달리게 했다.

그리고 발달은 성장을 낳고 성장은 곧 성숙으로 이어진다. 아빠의 수염마저 감동이라던 딸은 어린이집에서 만난 첫 남자 친구에게 매달리며 그애가 아니면 안 된다며, 아빠는 필요 없다며 울기 시작한다. 엄마의 살결이 비단 같다던 아들은 엄마는 안중에도 없고 이내 게임에 눈이 먼다. 어디 그뿐인가. 발달은 반항을 낳고 성장은 맞짱을 낳는다. 그 큰 눈을 엄마에게 부라리고, 그 예쁜 입으로 욕배틀을 한다. 아, 이게 아닌데!

그렇게 사랑했건만, 모든 것을 주었건만 대부분의 부모들은 딸은 돌아서고 아들은 덤비는 역사적 배신의 순간을 만난다. 머리와 심장이 영 따로 놀면서 머릿속에서는 '올 게 온 거지'라고 생각하지만, 심장은 '아, 당했다!'라고 말한다. 그리고 주변을 둘러보면, 또래 아이들을 키우는 부모들의 이야기, 육아카페에서 나오는 푸념들은 한결같이 "나도 당했다!(We Also!) 이 꼬맹이에게 꼼짝없이 당했다"이다.

정말 사랑이 권력인가. 더 사랑하는 자가 지는 것인가? 덩치가 작을 때야 그렇지만, 덩치도 점점 커져서 이제는 부모를

엎어치기할 수 있는 지경에 이르렀는데 이제는 뭔가 보상의 시기가 된 것 아닌가? 보상은커녕 부모는 당했다!

그렇다면 정말 부모들이 당한 걸까? 부모 투자를 했던 우리 부모들은 어떤 소득을 기대했을까? 가상화폐처럼 일확천금을 노리지는 않았다 하더라도 최소한 내 마음을 채워줄 인생의 콘텐츠가 되어 심정적으로 물질적으로 기꺼이 투자했을 것이다. 생각해보면 얼마나 기뻤는가! 이런 양육을 '도구로서의 양육'이라고 부른다. 즉 목적 성취를 위한 하나의 도구로서의 양육 말이다. '우리' 가족의 행복을 위해 아이에게 투자했으니, 이제 '우리' 가족의 일원으로서 아이는 부모의 투자에 건강한 방식으로 반응해야 한다는 취지로 말이다. 그러나 내 인생이 늘 뜻대로 되지 않았듯, 부모의 투자 목적에 부합하지 않은 내 아이의 태도는 나에게 그게 잠시라도 반드시 실망스럽다. 가성비 떨어지는 이 양육의 현장에서 판을 뒤집을 수 있을까?

결혼을 하고 아이를 낳는 순간, 강을 건넜고 배는 불살랐다. 돌이킬 수 없는 여행을 시작했다. 자, 이제 어쩔 거냐! 기왕에 시작한 이 여행영웅의 여행을 시작해보자. 별 볼 일 없던 이들이 시작한 여행이 영웅의 결말로 이어지듯, 시시한 이력을 가진 부모의 여행을 시작하자. 기왕 돛을 달고 알 수 없는 바다로 나왔으니, 영웅의 길로 가보자. 돌아서지 말고 도망가지 말고

용감하게 맞서보자. 아이들의 힘이 더 세니 말이다. 우리가 그들을 더 사랑하니 말이다. 권력 앞에 숨죽인 입김으로 바람을 불어 가족의 배를 움직이자. 때로는 마차를 달리는 벤허처럼, 때로는 《레미제라블》의 주인공 장발장처럼 갑작스러운 항해 앞에 눈을 떠보자. 반드시 배는 항구에 닿는다. 인류의 부모배는 다소 형편없을지언정 침몰하는 경우는 거의 없다. 돌아온 항구, 그 첫 땅에 발을 딛는 순간, 잘 성장한 아들이 그리고 사랑스럽고 지혜로운 딸이 박수를 치고 두 팔을 벌려 반길 것이다. 영웅을 맞을 것이다.

그러니 사랑은 우리를 움직이는 권력이다.

소원을 말해봐

누구도 우리에게 이렇게 말하지 않는다. 이렇게 말해주는 사람이 있으면 얼마나 좋을까. 어린 시절에는 산타가 있었고, 커서는 걸그룹뿐이다. 지금이야 중견 가수급이 되었지만, 한때 우리나라는 '소녀시대'앓이 열풍이 불었다. 길쭉한 다리에 흰 제복을 입고 나와 손가락을 펼 때는 심장이 간질거렸다. 심지어 글을 쓰고 있는 나는 여자인데도 말이다. 소녀시대가 우리에게 말했다. "소원을 말해봐, 내게만 말해봐, 그래요 난 널 사랑해 언제나 믿어 난 너의 지니야~"

소녀시대의 이 노래를 들으며 혼자 소원을 중얼거리기도 했다. 마치 어린 시절 크리스마스에 산타할아버지의 선물을 소망하며 읊조린 기도처럼 들릴 듯 말 듯 중얼거렸다. 커가고 나이가 들어가면서 산타할아버지는 완벽한 부모의 트릭이자 반복적 사기행각이라는 걸 알게 되었고, 소녀시대의 노래를 들을 때마다 소원을 점점 크게 말해도 결코 이루어지지 않는다는 것을 발견한다.

처음부터 소원을 말한 것이 잘못이다. 소녀시대가 나를 언제 봤다고 내 소원을 들어준단 말인가. 심지어 나는 소녀시대보다 나이가 많은데 말이다. 이놈의 주둥이와 몸뚱이와 세월이 야속하다. 아직도 동화 속에 살고, 아직도 신화를 믿는가, 차라리 신화나 동화가 낫겠다. 소녀시대가 뭐란 말인가. 혼자 중얼거리고는 이내 사람들이 내 소리를 들었을까 얼른 주변을 두리번거린다. 창피하다.

소원을 말하는 것이 창피하다니, 소원을 이룰 수 없는 나이라는 게 있는 것일까. 아니면 소원을 말하면 안 되는 나이가 있는 것일까. 소녀시대에게 빌었던 소원도 뭐 대단한 게 아니었다. 로또당첨도 아니었고, 키가 5센티미터만 더 크게 해달라는 것도 아니었으며, 살이 10킬로그램 빠지게 해달라는 소원도 아니었다. 그저 모퉁이 지나 있는 횡단보도가 내가 지나는 시간에 바로 파란불이 되어 추위에 떨며 기다리지 않게 해달라는 것이었고, 지난번 맛있었던 아이스크림 가게가 폐업하지 않고 나를 반겨주기를, 그래서 요거트 아이스크림이 내 입에서 사르르 녹도록 해달라는 소원이었다. 나의 지니라면 그 정도는 해줄 수 있지 않을까 해서 말이다. 소녀시대에게 딱 두 번 빌었는데 창피하다.

소원을 말하는 것도 창피하고, 소원의 내용도 부끄럽다. 소원을 잃어버린 세상이다. 아니, 소원을 말하면 부끄러움을 당하는 세상이니, 소원을 잊어야 하는 세상이다. 어디 나만 그런가? 글을 읽고 있는 여러분의 소원은 무엇인가?

서른 살이 넘어가면서 '예쁘다', '잘생겼다'라는 말을 들어보기 어려워진다. 그리고 이런 몸의 소망이 줄어드는 것보다 더 빠르게 소원을 비는 속도가 줄어든다. 나이와 소망은 반비례하는 것인가. 그러나 사람은 누구나 소원의 방을 가지고 있다. 방문을 열지 말지는 다른 문제다. 열든 안 열든 누구나 소망을 가지고 있고, 이 소망들을 쌓고 정리해두는 방을 가지고 있다. 사람 안의 비밀정원과 같은 곳이다. 아무도 모르게 뿌리는 꽃씨, 누구도 모르는 꽃봉오리, 나만이 아는 꽃말. 실재하는 정원이 아니지만, 비밀의 정원은 우리의 에너지가 되고 동기가 되어 아침을 깨우는 힘이 되고 저녁에 집에 돌아오고 내일을 맞는 호흡이 된다. 소망의 비밀정원은 일상의 환상의 꽃이 되어 혼자 심은 꽃에 혼자 심취하고, 혼자 웃고, 급기야 혼자 창피하다.

그러나 우리에게 소원이 없어서야 되겠는가? 말하지 못해도 소원이 있다면 행복하지 않겠는가. 내 소원은 내 것이다. 홍

길동이 아버지를 아버지라 부르지 못하고 형을 형이라 부르지 못하니 그 억울함에 역대급 소설이 나오지 않았는가. 우리는 당당히 우리의 소원을 말하자. 운전 중에 혼자 읊조리건, 대나무 숲에 머리를 박고 외치건, 아니면 카톡방 한쪽 내 공간에, 아니면 구버전인 일기장 한쪽에 적어보자. 누구도 우리에게 소원을 말하라 하지 않는다. 누가 꼭 물어 소원을 말할 수 있다는 법이 있는 것도 아니다. 내 소원을 말한다고 누가 꼭 이뤄줘야 하는 것도 아니다. 그저 혼자 말하고 혼자 기쁘겠다는 거다. '피그말리온 효과'라고 있지 않은가. 자꾸 말하다 보면 이루어질지 누가 알겠는가. 자, 이제 나만의 방식으로 소원을 말해보자. 샤워 중에 입에 물을 머금었다가 뱉어내며 큰 소리로 말해볼 것이다. 자, 이제 너의 "소원을 말해봐! 아들아, 딸아!"

좋은 기술은 좋은 고백을 낳고

30년 이상 살아온 부부의 이혼율이 높아진다는 뉴스가 자주 들린다. 그래서인가 요즘 주변에서 이혼했다는 이야기는 별로 새삼스럽지도 않다. 모두들 안타까워하면서도 그러려니 한다. 심지어 때로는 타산지석으로 삼자는 다짐을 하기도 한다. 남의 고통이 나의 교훈이 되는 셈이다.

그러나 그들이라고 처음부터 이혼을 꿈꾸었을까? 그들이라고 이혼이 그저 후련한 일이기만 할까? 최선을 다해 달려온 길이었을 것이다. 그들의 희로애락을 알지 않고는 그들의 고통스러운 선택을 두고 이러쿵저러쿵 할 권리는 없다. 다만, 오랫동안 부부상담을 하면서 발견한 한 가지 비밀을 여기서 털어놓고자 한다. 사실 부부는 사랑으로 살지 않는다.

나는 오랜 시간을 살아온 부부에게 "부부는 무엇으로 삽니까?"라고 묻곤 한다. 많은 이들이 "사랑이지요", "정으로 살죠", "부부는 의리!"라고들 한다. 그러나 사랑호르몬 페닐에틸아민으로 버틸 수 있는 사랑의 시한부 시점은 불과 2년이다. '정'이라고들 하는데, 정 떨어지면 뭘로 사나? '의리'가 식으면 뭘로 살까? 연금인가!

정말 부부는 사랑으로 살까? 틀렸다. 부부는 사랑으로 살지 않는다. 오랜 상담 경험에 비추어보면 분명히 부부는 사랑으로 살지 않는다. 확실히 말하지만 부부는 '기술'로 산다! 좋은 기술을 가진 부부는 좋은 고백을 하고, 형편없는 기술을 가진 부부는 안타까운 고백뿐이다. 그리고 그 고백은 아이들로 이어진다. 좋은 기술을 가진 부부는 대개 좋은 기술을 가진 부모이기도 하다. 그 부모의 고백으로 아이들은 고백의 기술을 배운다. 그러니 좋은 기술을 가진 부모 밑에서 자란 아이들은 마치 장인에게 도제수업을 받는 수련생처럼 젊은 시절 동안 삶의 기술을 배워 늙어가는 세월 내내 적용한다.

그렇다면 좋은 고백을 하는 가족들의 주요 기술은 무엇일까? 그 기술이 있다면 우리도 좋은 고백을 할 수 있지 않을까? 좋은 고백을 하는 부모에게 나타나는 기술이 어쩌면 우리가 심리학책을 몇십 권 읽고 배우는 것보다 더 강력한 것이 아닐까? 그 기술은 뭘까?

좋은 고백을 하는 가족들의 기술은 의외로 매우 간단하고, 동시에 매우 강력하다. 간단하면서 동시에 강력하니 이는 참으로 고효율이다. 싸고 맛있는 맛집 같은 것이니 소문이 날 수밖에. 이제 우리도 그 기술을 배워보자. 그 기술은 달랑 두 가지다. 두 가지만 있으면 된다.

첫째는 언어적 기술, 뻔뻔한 감사이다. 별 고마울 것 같지도 않은 현장에 고마움을 남발하는 것이다. 조금 전에 했던 느끼한 감사를 언제 했냐는 듯, 다시 뻔뻔하게 고개를 들고는 "야~ 이렇게 고마운 사람이 또 있을까? 늬 아빠는 정말 깜짝 놀랄 사람이야"라고 말하는 것. 그것이 좋은 고백의 첫 번째이다. 때로 과거 기억주머니까지 다 뒤져 다른 가족들 앞에서 노출하는 이런 공개적이고 해묵은 감사는 사실 매우 중요한 기능을 한다. 다른 가족들의 신뢰를 높이고, 곧 자신에게도 올 수 있는 공개적인 찬사를 위한 건강한 립서비스 경쟁에 불을 붙이며, 가족 전체의 행복감을 증진시킨다. 공개적인 감사, 그 찬사를 들으며 남편은 가슴이 뻐개지고, 아이들은 즐거움에 심장이 부르르 떨린다.

둘째는 비언어적 기술, 미소이다. 우리는 누구나 자식으로 태어나 형제, 친구, 학생, 직장인, 연인, 배우자, 부모, 조부모로 살다가 죽지만, 그냥 그 이름으로 살고픈 사람은 없다. '자식'이 아니라 '좋은' 자식, 형제가 아니라 '좋은' 형제, 배우자가 아니라

'좋은' 배우자로 살고자 한다. 평생 인정에 목말라하다가 인정에 매몰되어 찬사를 받으며 죽고 싶은 것이 인간이다. 인간의 이런 욕구를 채워주는 최고의 덕목이 바로 미소이다. 미소는 '인정'이며 '수용'이고 내가 너를 받아들이겠다는 의미를 담은 상징적 행동이다. 배우자를 향한 미소는 뜨거운 신뢰이며, 아이들을 향한 미소는 최고의 인정이다. 모든 인간에게는 거울신경세포가 있어 미소를 보는 것만으로도 학습된다. 부부의 표정이 닮고, 아이들의 표정이 부모와 꼭 닮은 이유는 바로 거기에 있다. 웃는 부모 밑에서 웃는 자녀가 나오는 이유는 바로 이런 인류 공통의 생물학적 특성에서 기인한다.

기억하라. 행복한 부모는 감정으로 살지 않는다. 감정은 늘 업다운이 심해 그 온도 차이가 늘 우리의 정서를 움츠리고 엇나가게 한다. 감정은 기술의 노예일 뿐이다. 그리고 기술은 선택의 문제이다. 부부의 모습을 보고 아이들은 미래를 계획한다. 부부의 기술은 서로를 풍성하게 할 뿐 아니라 아이들의 미래도 풍성하게 한다. 그리고 아이들이 배운 감사와 미소는 다시 부모의 삶에 동력을 제공한다. 가족 안에서 일어나는 이 기술 선순환의 다른 이름은 행복이다.

이 시점에서 라즈니쉬의 말을 기억하자. 사람을 앞으로 걸어가게 하는 방법은 두 가지가 있다. 하나는 뒤에서 총을 겨누는 것이고, 다른 하나는 앞에 꽃을 놓는 방법이다. 그 앞에 꽃을 둘 때 사람은 누구나 자발적인 걸음을 떼어 기꺼이 앞으로 나오게 될 것이다. 좋은 가족이 되고 싶은가? 그렇다면 좋은 기술을 선택하고 오늘 시작하라. 좋은 기술은 좋은 고백을 낳으리니, 이 기술이 오늘 우리 가족 앞에 놓인 꽃이 될 것이다.

3

엄마,
두 개의
심장을 가진 자

엄마는 외계인: 직장맘의 애로

스티븐 스필버그 감독의 영화 〈E.T.〉를 아무리 봐도 주인공 E.T.가 여자일 거라는 생각은 잘 들지 않는다. 배가 불룩 나오고 목소리도 걸쭉한 것이 중년 아저씨의 몸에 아이의 순수 멘탈을 가지고 있는 캐릭터처럼 보인다. 애니메이션 〈포켓몬스터〉의 노랑스타 피카츄는 수컷이다. 피규어와 그 설명을 보면 남성 기호(♂)를 확인할 수 있다. 대부분 SF영화나 애니메이션 주인공 중 외계인처럼 생기고 움직이는 건 남성 혹은 남성의 이미지인 경우가 많다.

사람 중에 외계인은 엄마다. 유명 아이스크림 이름 중 하나인 '엄마는 외계인'을 맛보면 그 이름이 왜 그렇게 지어졌는지 맛이나 색, 질감, 온도를 통해서는 도무지 알 수 없다. 듣자 하니 이 회사에서 차별화 전략으로 아이스크림 이름을 영화제목에서

따왔다는 얘기를 한다. 아무튼 그 아이스크림 매장에서 엄마는 외계인이다.

그런데 직장에서도 엄마는 외계인이다. 우선 엄마가 되기도 전에 임신계획을 말하면 외계인 대열에 들어간다. 아직 생기지도 않은 아이에 대한 생각이나 계획만으로도 외계인이 된다. 간호사들 중 멋대로 임신했다가는 외계인이다. 여럿이 한꺼번에 임신하면 업무에 지장을 준다는 이유로 임신 순번을 정해 임신 시기를 조절하지 않은 임신녀는 외계인이다. 일단 임신하면 회사가 퇴사를 종용하고 나오는 배의 크기만큼 눈치를 보게 되어 붙은 이름 '민폐녀'도 외계인이다. 출산 한 달 전부터 쓰는 출산휴가 120일을 다 쓰면 이후 120개월을 쉬게 되니 그 업계를 떠나는 외계인이 된다. 1년의 육아휴직을 쓰고 최장 3년을 쓰면 뻔뻔함이 우주급 스케일이라 외계인이다.

집에서도 엄마는 외계인이다. 임신을 해도 출산 후 몸조리해줄 사람을 찾느라 헤매고 그나마 산후조리원에 가자면 2주에 족히 300만 원은 되니 망설이게 되는데, 지인에게 이런 고민을 말하면 "너는 아기가 아니라 돈이 먼저냐?"라는 말을 들으니 순간 외계인이 된다. 임신기간이 힘들어 회사를 그만둔다고 하면 "남들은 애 키우며 회사 잘만 다니는데 직장을 그만두었냐?"는 호된 꾸짖음 속에 엄마는 외계인이 된다. 출산 후 남편은 야

근에 회식으로 바쁘니 독박육아를 하며 산후우울증이라도 오면, “너 혼자 애 낳았냐?”는 얘기를 들으니 외계인이다. 애가 아프거나 다치면 “옛날처럼 애를 일곱 여덟 낳는 것도 아닌데, 애 하나 제대로 못 보냐?”며 모든 육아의 책임을 떠맡아야 하니 외계인이다. 한글을 떼는 일부터 애 성적에 이르기까지 애가 글을 늦게 깨우치거나 성적이 떨어지면 “남들은 애가 전교 1등을 하니 마니 그러는데 우리 애는 왜 그러냐?”며 “아이의 지능은 엄마를 많이 닮는다더라”고 아이의 교육과 뇌 성장까지 책임져야 하는 엄마는 외계인이다. 그러고 나서 아이들이 크면 “엄마가 내 어린 시절 나에게 상처를 주어서 지금 내가 이렇게 되었어. 다 엄마 책임이야!”라는 말을 들어야 하니 나이 들어가면서도 엄마는 외계인이다. 애들 다 키우고 이제 좀 살 만하니 손주를 떠맡아야 하는 나이든 엄마도 외계인이다.

임신과 출산, 육아가 무슨 죄인가? 직장만 다녀야 사람이고, 직장을 다니며 임신하면 외계인이 되는 임신과 출산이 두려운 세상. 직장과 육아를 함께해야 사람이고, 육아만 하면 외계인이 되고, 내 선택은 늘 문제가 되는 세상. 같이 일해도 아이에 대한 전적인 책임이 엄마에게 있는 세상. 늙어서도 누군가의 임신과 출산이 두려워지는 세상. 혹시 여기가 토성 아닌가? 둘리 친구 도치의 고향 안드로메다 깐따비아 행성 아닌가?

엄마가 진짜 외계인인가, 아니면 엄마가 사는 이 별이 지구가 아닌 것인가? 그렇다면 엄마는 지구를 떠나야 하는가? 누군가가 자꾸 과거 유행어를 말하는 것 같다. “지구를 떠나거라~~!” 엄마들이 없는 지구는 어떨까? 엄마들이 없어진다는 것은 딸이 없고, 여동생이 없고, 여자친구가 없고, 아내가 없고, 할머니가 없어진다는 말일 텐데, 괜찮을까? 엄마가 없어진다는 것은 동시에 아들도, 남동생도, 남자친구도, 남편도, 할아버지도 없어진다는 말이기도 할 텐데, 괜찮을까? 지구로의 초대장이 필요하다. 외계인도 쫄리지 않고 살 수 있는 안전한 환경, 외계인이 자신의 능력을 발휘할 수 있는 일터, 그리고 쉴 수 있는 가정이 있다는 초대장이 없는 한 엄마는 계속 지구를 떠날 것이다. 왜냐면 엄마는 외계인이니까.

프로 엄마는 따로 있다

58년 개띠 영화배우 장미희는 요즘 뭐하나? 그녀는 유지인, 정윤희와 함께 1970년대 우리나라 여배우 트로이카 중 한 명으로 지금까지도 왕성하게 일하는 그야말로 '대모(大母) 배우'다. 한국전쟁 이후 베이비붐 첫 세대 첫 해인 1958년에 태어나 전후 복구, 보릿고개, 새마을운동, 제5공화국, 문민정부를 거쳐 21세기 첫 삽을 뜬 지 18년이 지난 지금, 그녀는 역사의 거대한 나이테를 나누며 지금껏 왕성하게 일하고 있다. 그녀가 주연한 드라마에서 유행어가 되었던 "떡 사세요!"는 그 발음이 '떡'인지 '똑'인지 분명치 않은데, 머리에 또아리를 얹고 떡을 담은 양푼을 이고 걸어가는 장면은 역사 이래 가장 평범하지만 가장 관심을 끈 장면이기도 하다.

장미희는 떡을 팔아 아이를 키웠고, 이제 엄마들은 시간과 에너지와 영혼의 젖과 떡으로 아이를 먹인다. 아이는 자라고, 손을 덜 타는 나이가 온다. 그리고 손이 덜 타서인지 막무가내로 먹은 젖과 떡으로 구성된 온 힘을 다해 덤비는 말이 터져 나온다. 가끔은 정말이지 분통 터지고 눈물 난다. 속 터지고, 눈물 터지고, 가정도 터질 것 같은 이 상황에 '그냥 다시 배 속으로 집어넣을까' 하는 되지도 않는 푸념도 한다.

모든 변화는 이양 기간, 곧 과도기를 거친다. 변화는 늘 적응으로 이어지고, 적응은 늘 고백으로 이어진다. 좋은 적응을 하는 사람들은 "좋다"처럼 좋은 고백을 하고, 만족스럽지 못한 적응을 하는 사람들은 "짱이야"처럼 만족스럽지 못한 고백을 한다. 그리고 만족스러운 고백을 하는 사람들에게는 좋은 적응을 위한 '기술'이 있다. 기술이 세상을 바꾸듯, 기술은 적응을 바꾼다.

엄마들이여! 아이와 함께한다면, 또 프로 엄마를 생각하고 있다면, 프로페셔널이 되기 위한 3P를 기억하라! 첫째, 자부심(Pride)이다. 자부심은 내부로부터 나오는 것이 아니다. 보이는 것, 들리는 것이 자부심이다. 일하는 동안 주눅 들지 말고 입으로 만족감을 표현하라. 즐거운 부분을 기꺼이 입으로 드러내라. 생각이 행동을 바꾸는 것이 아니라 행동과 말이 생각을 바꾸어줄 것이다. 자부심을 '느끼지' 말고 '말하라'. 당신이 말해야 동료도 당신을 프로페셔널이라 생각한다. 둘째, 우선순위(Priority)이다. 일할 때는 일만 생각하고, 일만 하라. 할 일 많고 생각할 일 많으나, 직장에선 일을 가장 먼저 생각하라. 그만둘 생각이 아니라 성취를 생각하라. 그게 프로페셔널이다. 가정에 돌아가면 가정만 생각하라. 가정과 직장, 일과 사랑은 결코 서로를 공격하지 않는다. 셋째, 전문성(Professionality)이다. 그 영역에서의 기술을 익히자. 거대한 기술이 아니라 관계를 움직이는 사소하지만 가장 본질적인 기술을 알자. 집에서나 일터에서나 '미안하다'보다는 '고맙다'고 말하고, 멍하게 있기보다는 '미소' 짓자. 3P가 당신을 새롭게 피어나게 할 것이다.

기억하라! 육아를 위해 선택했던 모든 것이 아이의 혈관을 통과하는 헤모글로빈이 되고 근육이 되고 창자가 되어 몸(body)이 아니라 사람(human)이 된다. 우리는 가장 까다롭다는 그 인간(남편)과의 관계, 가장 신비롭다는 아이와의 관계, 가장 괴롭다는 시월드와의 관계, 가장 버라이어티하다는 학부모들과의 네트워크를 형성해왔다. 그간 위기를 수도 없이 넘기고, 위험에 대처하며, 때로는 비참하고, 때로는 고통스럽고, 억울한 순간을 겪었고 잘 극복했다. 어디 아이들의 일탈만 하랴, 어디 시월드의 간섭만 하랴, 어디 엄친아 학부모들의 갑질만 하랴! 오히려 훌륭한 학습 기간이자, 관계의 달인으로서의 완성 기간이자, 문제해결의 프로페셔널 소방수 자격 기간이었던 우리의 가정경력은 우리

인생의 모든 적응을 위한 가장 매력적인 마법의 램프 역할을 할 것이다.

이제 우리의 램프를 문질러보자. 우리의 '떡'은 가족을 먹이는 마음의 떡이 되고, 우리 노후의 기쁨이 되고, 늙어 우리의 이야깃거리가 되며, 우리 딸들에게는 어머니의 역사를 아들에게는 여성의 역사를 들려주며 빛나는 영웅담이 될 것이다. 오늘도 용기를 내어보자. 시작해보자. 그리고 갈고닦은 나의 기술들을 기꺼이 활용해보자. 우리는 이미 프로페셔널임을 기억하자!

두 명의 베아트리체: 엄마는 딸의 예술작품이다

가수 조용필. 그의 노래는 악보를 넘어 우리 감성의 문지방을 지나 이성의 문을 두드리곤 한다. 한 잘생긴 언론인의 전언에 따르면 '천하'의 조용필도 부르기 쉽지 않다고 말했다는 곡이 있다. 하나는 〈킬리만자로의 표범〉이고, 다른 하나는 〈슬픈 베아트리체〉이다. 〈킬리만자로의 표범〉이야 20세기 한국가요 중 명반이자, 21세기까지 남자들의 노래방 주요 레퍼토리이고, 긴 가사만으로도 도전을 주는 곡이기도 하다. 그리고 다른 하나, 〈슬픈 베아트리체〉! 곡은 이렇게 시작한다.

> 그대 슬픈 눈에 어리는 이슬처럼
>
> 맑은 영혼이 내 가슴에 스며들어와

푸른 샘으로 솟아나리니 ……

그대 붉은 입술 다가와 화살처럼 스친 입맞춤

나의 넋을 앗아가버린 상처 되어 남아 있는데

슬픈 그대 베아트리체 떠나버린 나의 사랑아

꽃상여에 그대 보내며 살아야 할 이유마저 없으니 ……

곽태요가 가사를 쓰고 조용필이 곡을 붙인 이 곡, 이 작은 두 동양 남자의 가슴을 빼앗은 그녀 베아트리체는 누구인가?

1200년대 문명의 흔적으로 세계인을 모아들이던 이탈리아에 시인 단테가 있었다. 이탈리아 피렌체에 있는 그의 생가는 생각보다 매우 작고, 뛰놀던 골목마저 협소했다. 푸른 눈의 소년 단테가 아홉 살부터 사랑했던 베아트리체가 있었다. 40년 동안 썼던 《신곡》에도 등장하는 그녀는 뜨거운 감정의 상대이자, 고뇌를 안겨주는 디바 같아서 〈지옥〉 편에서는 중재자가 되고, 〈연옥〉 편에서는 손을 뻗어 닿아야 할 목표가 되며, 천국 편에서는 그를 이끌어주는 안내자가 된다. 눈부신 사랑으로 천국까지 이르게 하는 이 숭고한 사랑 앞에서 문학은 실체가 되고 인류의 유산이 되고, 그리움의 전형이 되고 죽어서는 영이 되고 숨이 되고, 다시 시간을 지나 21세기에 와 닿았다. 누군가를 사랑한다는 것은 얼마나 아름다운가.

엘리자베타 시라니. 〈베아트리체 첸치의 초상〉.
1662년경. 캔버스에 유화. 64.5×49cm. Museo Nazionale Romano, Roma.

시간이 흘러 16세기 피렌체에 또 한 명의 베아트리체가 있었다. 화가 귀도 레니가 그렸다고도 하고 그의 제자인 엘리자베타 시라니가 그렸다고도 하는 〈베아트리체 첸치의 초상〉의 주인공이다. 어려서부터 아름답기로 소문났던 베아트리체는 폭력적이고 비도덕적이었던 아버지 프란체스코 첸치에게 열다섯 살부터 강간당했고, 이를 신고하자 아버지에게 쫓겨나 성에 갇힌 채 지속적으로 폭행과 강간을 당했다. 참다못한 베아트리체는 계모와 친오빠, 이복 남동생, 하인 두 명과 함께 아버지인 프란체스코를 망치로 쳐 죽이고 높은 난간에서 시체를 떨어뜨려 사고사로 위장했다. 결국, 아버지를 죽인 사실이 밝혀졌고 사건의 진상이 밝혀지면서, 로마의 시민이 나서서 정당방위를 주장하며 항의했으나 당시 교황 클레멘스 8세는 관용을 베풀지 않고 사형에 처한다. 이 일로 베아트리체는 폭력적인 귀족계급에 대한 저항의 상징이 되었고, 당시 그녀가 죽은 날이면 잘린 자신의 머리를 든 베아트리체의 유령이 산탄젤로 다리에 나온다는 괴담도 떠돌았다. 프랑스 작가 스탕달이 그 그림의 아름다움에 그만 무릎에 힘이 빠지면서 황홀경을 경험하며 '스탕달 신드롬'까지 만들 만큼 아름다운 저항의 이름이 된 베아트리체가 있었다.

같은 이름이었고, 같은 곳에서 태어났으나, 서로 다른 시간을 살면서 베아트리체는 사랑의 이름이자 저항의 이름이고, 그리움의 이름이자 고통의 이름이고, 문학의 생명이자 동시에 저버린 꽃이기도 했다. 조용필이 불렀던 〈슬픈 베아트리체〉는 그리움으로 보자면 단테의 그리움이요, 아픔으로 보자면 엘리자베타 시라니의 기억일 것이다. 펜으로 사랑은 쓰이고, 물감으로 고통은 역사가 된다.

여자들의 삶은 늘 그러하지 않았나. 동양의 한 남자 가수가 부르는 처절하기까지 한 이 사랑의 노래가 있기까지 아주 오랜 시간 여자들은 닿을 수 없는 사랑이었고, 일어나지 못한 청춘이었다. 그러나 시간이 흘러 사랑하는 여인은 중재자가 되고 안내자가 되었으며, 가슴 아픈 딸은 시대의 정신을 만들어내는 자들이 되었다. 13세기와 16세기는 흘러 21세기가 되었고, 13세기 베아트리체는 어머니가 되었고, 16세기 베아트리체는 세상을 움직이는 여인들이 되었다. 21세기 베아트리체는 어떤 이야기가 될까. 어떤 글이 되고, 어떤 그림이 될까. 어머니들이 딸에게 읽어주었던 책과 보여주었던 그 그림은 21세기의 양수 속에서 소망과 지도력으로 재해석되고 재창조되어 22세기의 베아트리체들을 낳게 될 것이다.

우리가 부를 새 노래와 그려낼 새 그림은 더 이상 슬픈 베아트리체가 아닌 꿈꾸고 앞으로 걸어가는 베아트리체가 되게 할

재료들이니, 우리 부모들이여, 우리의 가족들이여, 우리의 딸들에게 새 노래를 불러주자. 우리의 아들들에게 새 그림을 보여주자. 그것이 우리가 해야 할 문학이고 우리가 그려야 할 회화이니, 펜과 붓을 들어 거룩한 유산들을 남겨보자. 그게 무엇일지 고민해보자. 바로 지금 써보자. 지금 그려보자. 쏜살같은 세월 속에 곧 내일이 22세기일 테니!

사랑은 혈관을 타고

지금도 시내에 나가면 헌혈하라고 지나가는 사람들을 붙든다. 헌혈이란 게 생명을 위협받는 다른 이들을 위해 건강한 사람들이 자유의사에 따라 대가 없이 자신의 피를 기증하는 행위인지라 해야겠다 싶지만, 막상 헌혈차량에 그려져 있는 붉은 십자가만 보면 슬슬 피하게 된다. 부끄럽지만 이미 몇 차례 헌혈 경험이 있음에도 바늘 공포가 있는 나로서는 헌혈 자격에도 모두 최적합이기에 가장 먼저 타깃이 되는 것만 같아 일부러 빙 돌아갈 때도 있다.

최근 보니 개도 수혈을 한다. 물론 그 개가 원해서 세상의 모든 견류(犬類)를 위해 기꺼이 내 피를 내어주겠노라 선언하고 주인에게 간절히 부탁하여 수혈하지는 않았을 것이다. 그냥 주인을 따라갔고, 바늘이 꽂혔고, 그렇게 헌혈은 이루어졌을 것이다. 그런데 그 기사를 보면서 값없이 피를 주는 행위에 대해 생각해보게 된다.

사람이나 동물이거나 상대를 위하여 뭔가를 내어준다는 것은 쉬운 일이 아니다. 개도 그 주인을 위하여 위험을 무릅쓴 이야기를 알거니와, 사람 간의 도움은 훨씬 자주 발생한다. 소방관이 불속으로 뛰어들고, 경찰이 범죄자를 잡아넣고, 의사가 두려움 속에서도 메스를 들고, 불의에 맞서는 민간변호사들의 모임 등 다양한 '내어줌'이 있다. 이들의 '내어줌'을 좀 더 어려운 말로 '희생', '나눔', '섬김', '돌봄', '헌신' 등의 단어로 바꿀 수 있을 테지만, '내어줌'만 못하다. 희생하여 나누고 섬기는 마음으로 돌보며 자신을 바치는 행위를 '내어줌'이라 할 것이다.

그런데 이 '내어줌'이 그 정의만큼이나 어렵고 힘들다. 채운 것을 비우는 것, 부족한 상태를 견디는 것은 인간 생리에 맞지 않기 때문이다. 채운 것은 더 채우고 싶고, 부족함은 결코 방치할 수 없는 것이 우리의 심리이다. 그 가운데 내어줌은 매우 고상해 보이지만 그만큼 비인간적인 행동이다. 어떻게 내어줄 수 있을까? 보상이 없다면 결코 있을 수 없는 행위이다.

보상이라고는 겨우 '보람'이다. 누군가를 살릴 수 있다는 막연한 보람과 뿌듯함 정도가 '내어줌'으로 받는 값이다. 이 심리적 값은 보이지도, 손가락으로 짚어가며 헬 수도 없다. 그냥 개인이 혼자 가슴에 담아두는 심정, 항아리 속 된장 같은 것이다. 이 된장이라는 것이 한 번에 한 독을 다 먹는 것도 아닌데 담아두면 든든하고, 시간이 지날수록 그 맛이 깊어지며, 없는 집에 언제든 퍼줄 수 있는 넉넉함을 준비하는 묘약이다. 생긴 건 똥 같은데, 세상에 둘도 없이 유용하다.

톨스토이가 '사람은 무엇으로 사는가?'를 물으며 쓴 글에는 비워야 채워지는 놀라운 역설들이 가득하다. 내어주어야 비로소 얻는 것들, 잃어야 비로소 만나는 것들, 눈멀어야 비로소 보이는 것들의 이야기들이다. 그렇다면 우리도 생각해보자. 우리는 무엇을 내어주어야 하고, 그것으로 무엇을 얻을 수 있는가? 어떤 것을 잃어야 더 큰 것을 만나게 될까? 눈이 먼다면 과연 보이는 것들이 있을까? 일찍 일어나는 새가 피곤해지는 세상, 늦었다고 생각할 때가 정말 늦은 때라는 세상에 살면서 과연 우리에게 짜릿한 역설이 남아 있기는 한 걸까?

사람들의 행동과 인지 간의 과정을 보면 정말 흥미롭다. 대부분의 사람들은 생각한 후 행동하거나, 일단 행동을 개시한 후 알고 발견하는 경우가 있다. '내어줌'을 생각해보면, 우리의 머리는 복잡해진다. 무엇을 내어주고, 잃고, 눈멀어야 하는지, 그래서 과연 뭔가를 정말 얻을 수 있을 것인지를 생각해보면 하루가 짧고 한 달이 지나면 머리에 쥐가 날 것이다. '내어줌'은 행위가 먼저이다. 먼저 내어주어야 비로소 무엇을 얻는지를 발견하게 되는 과정이다.

한 번도 내어주거나, 잃거나, 눈멀 줄 몰랐던 사람들에 대해 우리는 무엇을 내어줄 수 있을까? 내어주지 않음에 분노하고, 잃을 것을 두려워하고, 눈멀 때 돌아설까 걱정하는 사람들 속에서 분노와 두려움과 걱정을 발견하지만, 기꺼이 내어주겠다 말하는 자가 없다. 남자는 여자에게, 여자는 남자에게, 노인은 청년에게, 그리고 청년은 노인에게 모두가 분노하고 두려워하고 걱정한다. 모든 걸 하지만, '내어줌'에 대해서는 생각하지 않는다.

내어준다는 말이 부담스럽다면 '비움'이라고 바꾸어보자. "멈추어야 비로소 보인다"는 말처럼 '달림'을 비워야 '멈춤'이 되고, '가짐'을 비워야 '내어줌'이 된다. 한 치도 양보 없는 이 사회에서 타인에게가 아니라 나에게 물어보자. '너는 무엇을 내어줄 수 있느냐?', '너는 무엇을 비울 수 있느냐?' 더 가난한 자가 더 기꺼이 내는 이유는 궁핍의 고통을 알기 때문이다. 가진 자가 더 쥐고 있는 이유는 조금도 내어준 적이 없어 혹여 모든 것을 잃을까 고민하기 때문이다. 더 가난한 자, 더 쥐고 있는 자 모두 나이 들어가며 얻은 세월의 교훈에 따라 행동하고 말한다. 그리고 그 세월의 교훈은 한 가지만을 가르친 적이 없다. 다만 우리가 한 가지를 선택했을 뿐이다. 하나를 선택할 수 있다는 것은 또 다른 것 역시 선택이 가능하다는 말이다.

잠시 멈추자. 이 비우는 시간에만 가족이 보인다. 잠시 비우자. 이 시간이라야 옆 사람의 형편이 보인다. 가족을 보고 옆 사람이 보이는 곳을 마을이라고 한다. 마을 공동체를 보는 자는 옆 동네를 보는 눈도 갖게 된다. 눈뜨고 보자. 보면 내어줄 것도 보인다. 마을 공동체는 혈관으로 이어진다. 사랑은 혈관을 타고 흐른다.

나의 헤라, 나의 클레스!: 재취업을 고민하는 엄마들에게

융 심리학이라니 어려운가? 21세기의 화두는 심리학이라니, 이렇게 유명한 심리학자들 이름 한두 명 정도 가져오면 글도 말도 좀 있어 보인다. 사실 스위스 심리학자 카를 융은 좀 어려우니, 우리가 영화와 책에서 이름 좀 들어봤다는 헤라클레스 이야기를 해보자.

헤라클레스가 어디 출신인지는 모르나 분명히 '몸짱'이다. 잘 발달한 근육에 강력한 힘으로 악당들을 물리치는 이 태후 송중기급 그리스 신화의 영웅은 이름부터 특별하다. 여신 헤라(Ηρα)의 이름과 명예(κλης, 클레스)라는 낱말의 합성어로 만들어진 이름을 가진 그는 여신 헤라의 젖을 빨고, 생후 8개월 만에 맨손으로 뱀을 목졸라 죽였다. 출생부터 남다른 헤라클레스처럼 용맹하고 사람들과 도시, 인류를 구하는 데 중요한 기여를 한 사람들을 우리는 '영웅'이라고 부른다. 그리고 신화 속 영웅은 늘 본래의 땅을 떠나 낯선 곳으로의 여정을 시작하고, 죽을 고비를 넘기며 온갖 경험을 하고, 위기를 극복하면서 새로운 영웅이 되어 다시 고향으로 돌아온다! 처음 여정을 시작할 때는 지극히 평범했던 사람이 새로운 시작과 위기극복, 그리고 다시 돌아옴의 과정을 통해 영웅이 되니, 영웅은 타고나는 것이 아니라 용기 있는 선택의 결과인지도 모르겠다.

가사와 육아, 가족 돌봄의 3대 미션은 흔히 여성들의 전통적 영역으로 알려져 있다. 일상적이고 자연스러워 보이기까지 한 이 영역을 벗어나 새로운 도전에 나서는 여성들이 있다. 20대에 혹독한 경쟁을 뚫고 입사한 후 30대가 되면서 출산과 육아를 시작하면 직장여성 10명 중 4명이 직장을 그만둔다. 그랬다가 아이들이 어느 정도 성장한 10여 년 정도 후에는 다시금 노동시장에 재진입하게 된다. 일명 'M 커브' 현상이라고 부르는 이 현상은 한 지점에서 다른 지점으로 이동해가는 두 번의 과정을 보여준다. 한 번은 일터에서 가정으로, 그리고 다른 한 번은 가정에서 다시 일터로 이동한다. 일터에서 가정으로의 이동은 결혼과 출산이라고 하는 인류의 위대하고도 일상적인 미션을 위한 이동이었다. 그리고 10여 년 후 가정에서 다시 일터로 나오는 과정은 첫 번째 이동보다 더 많은 고민으로 시작된다.

시작부터 만만치가 않다. '과연 취업을 하는 것이 옳은 것인가? 돈 벌자고 혹은 새로운 도전을 위해 시작한 이 일로 아직 채 크지 않은 아이들에게 어떤 영향을 미칠 것인가? 막상 시작했다가 적응도 못하고 쫓겨나면 어쩌나? 아니다. 아예 취업도 못하고 창피만 당할 수도 있지 않을까?' 생각에 생각이 꼬리를 물고, 가정을 버리는 듯 쳐다보는 주위의 시선을 고스란히 견디며 새로운 시작은 취업 전부터 관계고문, 판단고문, 결정고문이다. 결혼할 때보다 허락받아야 할 사람이 더 많아진 지금 어렵사리 남편의 동의, 아이들의 동의, 시댁의 동의, 친구의 심정적 동조 등을 간신히 얻어내고 재취업을 하면 현장은 늘 우리의 상상보다 혹독하다.

10년 전과는 판이하게 달라진 근로현장, 경력 단절 없이 일해온 과거 동료들 밑에서 일하는 그 말할 수 없이 오묘하지만 결코 기분 좋지 않은 정서, 해도 해도 끝없이 밀려오는 업무, 6시 칼퇴근법은 다음 생애도 어려울 듯한 사내 분위기, 전에 없이 자주 아픈 아이들, 아직도 고스란히 남겨진 가사, 한계에 도달한 체력 등 모든 것이 방전 직전까지 치닫는다. 물뱀 히드라를 만난 헤라클레스 같다. 아홉 개의 목을 가진 히드라, 그중 여덟 개는 죽일 수 있지만 하나만은 불사신이라 죽일 수 없고, 게

다가 다른 목을 하나 잘라내면 거기에서 새로운 두 개의 목이 더 생겨나는 히드라는 흡사 재취업 후 엄마 직장인이 만나는 위기 같다. 심지어 히드라가 내뿜는 거친 숨이나 피부에서 스며 나오는 점액은 강한 독성이 있어 숨을 들이마시거나 닿기만 해도 온몸의 살이 썩어 들어가 버리기에 심지어 신들조차 함부로 건드리지 못했다니, 융단폭격처럼 다가오는 수많은 문제 앞에 서 있는 재취업 여성, 일명 '경단녀'들의 예기불안이 크다.

그러나 위기 다음의 순간을 기대하고 상상해보라. 위기를 극복하고 나서 평범했던 헤라클레스는 우리가 알고 있는 영웅 헤라클레스가 되었다. 용기를 내어 문제 앞에 서고, 두려움보다는 기대를 가지고 위기를 극복한 나의 모습을 생각해보라. 경력단절 이후 새로이 재취업을 생각하고 있다면, 이 과정은 위기를 향해 나아가는 것이 아니라 위기를 극복하고 승전한 잔 다르크처럼, 히드라를 물리치고 칼을 치켜든 헤라클레스처럼 당당하고 자부심 가득한 나의 모습으로 가는 과정이다. 새로이 시작하고, 위기를 극복하고, 하루 일을 마치고 집으로 돌아온 당신이 바로 가장 여성적인 이름(헤라)을 가지고 가장 강인한 일을 해내는(클레스) 헤라클레스이다.

심리학자 카를 융은 이렇듯 인간은 시작과 위기극복과 돌아옴의 과정을 반복하며 영웅의 과정을 거치고, 이 과정을 통해

'개성화'를 이룬다고 말한다. 그 성숙과 중용의 자리 '개성화'는 새로이 시작한 자들이, 위기를 극복한 자들이, 그리고 나트륨등 불빛을 받으며 퇴근하여 집으로 돌아오는 여성들이 얻게 되는 성장의 선물이요, 성숙의 열매이다. 익숙한 곳을 떠나 낯선 곳으로의 여행을 시작하여 적응의 어려움을 잘 극복하고 당당하게 자신의 삶을 만들고, 남편과 동등자로 살아가고, 자랑스러운 현대적 엄마로 귀가하는 당신. 가족들은 당신을 영웅이라고 부를 것이다. 우리의 헤라, 우리의 클레스, 당신의 다른 이름은 '시작하는 자'이다.

엄마 중독!

한국만화걸작선 10선 중에 《엄마 찾아 삼만리》가 있다. 이 책은 본래 작가 김종래가 글과 그림을 그린 1958년 작이다. 요즘 아이들 사이에 알려진 〈엄마 찾아 삼만리〉는 마르코라는 아이의 엄마 찾기로 알고 있지만, 우리나라의 〈엄마 찾아 삼만리〉는 본래 조선시대를 배경으로 한다. 술과 노름으로 방탕한 생활을 일삼던 아버지가 엄마와 자식을 노름빚에 팔게 되면서, 아이는 엄마를 찾아 전국을 떠돌며 눈물 없이는 들을 수 없는 이야기를 그려낸다. 막 한국전쟁을 마치고 생이별한 가족들을 찾아 헤매던 이들의 마음을 달래주던 명작 중 명작이라 할 만하다. 요즘으로 치자면 재미와 시대의 애환, 가족을 잃은 이의 아픔까지 달래주는 감동적 로드무비라 할 만하다.

숱한 만화, 숱한 영화 중 하필 호랑이 담배 먹던 시절 이야기를 하는 이유는 우리도 평생 엄마를 찾기 때문이다. 태어나면서부터 죽을 때까지 엄마를 찾으니, 그것을 길로 치면 어디 삼만 리뿐이랴. 엄마를 찾는 길이 삼만 리라면 거리로는 4천 킬로미터 정도 된다고 봐야 할 것이니, 우리는 평생 4천 킬로미터의 엄마 찾는 길을 걷는 셈이다. 우리는 왜 그렇게 엄마를 찾고 불러댈까?

자식이 하나면 몰라도 둘 이상의 자녀를 둔 엄마들은 남편까지 합쳐 세 명이 돌아가며 혹은 동시다발적으로 불러대는 통에 귀가 몇 개라도, 또 몸이 몇 개라도 모자랄 판이다. 심지어 길을 가다 넘어질 듯해 놀랄 때도 "엄마야!"라고 외친다. 이렇게 엄마가 없는 곳에서 부르는 엄마까지 합치면 엄마는 참으로 종교와 같다.

태어나서 죽을 때까지 삶의 양식을 주고, 어려울 때 돌보며, 헐벗었을 때 옷을 입혀주고, 배가 고플 때는 먹여주며, 귀청 떨어질 듯 호통을 치는 아버지의 욕설을 듣지 못하도록 두 손으로 귀마개를 해주는 생체인식 바리게이트도 엄마이다. 그야말로 요람에서 무덤까지 지키는 여신(女神)이다. 그러니 엄마는 종교다.

종교중독도 있다. 종교중독 체크리스트 내용을 보면 종교제의에서 영적 황홀감을 추구하며, 감동이 없는 설교자를 영감이 부족한 사람으로 속단하고, 찬양 자체가 아닌 음악에 매료되는 사람은 '종교중독' 가능성이 높다. 또한 가정과 일터에서의 일상보다 종교단체 활동 자체를 더 편하게 느끼는 현실도피적 성향까지 보인다면 중독 정도가 심각하다. 반면 신의 인도를 신뢰하며 종교단체뿐 아니라 가정과 직장에서도 성경적인 삶을 살아가려 애쓰는 사람은 '성숙한 신앙인'으로 진단한다.

엄마중독도 있다. 엄마를 통해 모든 것을 판단하고 기준을 삼으며, 엄마를 기준으로 생애파트너를 찾거나, 그 사람의 독특성과 매력이 아니라 엄마를 기준으로 한 속성을 중심으로 배우자를 찾는다면 엄마중독이다. 반면, 엄마를 존중하지만, 내 삶에 들어오는 다른 사람에 대한 독특성과 다른 점을 수용하며 안정적 관계를 유지한다면 그는 '성숙한 성인'이라고 할 것이다.

엄마는 1차 여신이고, 심리적 자궁이 맞다. 그러나 다른 여신이 보여야 한다. 다른 해법과 해석도 있어야 한다. 내 엄마가 들으면 무척 섭섭해하실지도 모르겠으나, 적당히 고마워야 건강한 성인이다. 적당히 의지하고 적절히 독립해야 건강한 자녀로 큰 것이다. 엄마를 기억하는 너무 잦은 눈물로 일상이 어려운 경우가 많은가? 자식은 부모를 넘어서야 하는데, 그게 바로 부모들이 바라는 바일 것이다. 생각해보자. 나는 아직 엄마의 심리 품에 있지는 않은가?

엄마가 독립해야 아이도 독립한다. 신과의 관계를 생각해 보자. 나는 좋은 신인가?

악마는 프라다를 입는다:
새 일을 시작하는 엄마들에게

우리는 은퇴한 적이 없다. 직장을 갖고 월급을 받고 승진을 한 적이 없으니 노동법상 취업 흔적이 없다. 과거 대부분의 엄마들은 육(育)아와 가사(事)에 대한 대접을 받은 바 없이 살아왔다. 사람을 길러내고[育] 반복되는 평생 수작업[事]은 있었으나 법적노동은 없고, 세월은 흘러 나이가 든다.

우리나라 여성들은 나이가 들어가며 적어도 세 가지 거대한 빈곤의 벽과 만난다. 첫째는 퇴직빈곤이다. 남편을 의지하며 알뜰히 살아온 세월도 잠시, 대출과 아이들 교육비 끝에 남편은 퇴직하고 준비하지 못한 퇴직 후의 삶은 바로 현실이 되며, 이 현실을 사회적으로는 '빈곤'이라 부르는 곤란에 빠지게 된다. 둘째는 이혼빈곤이다. 고령화사회에 접어들면서 급격히 높아진

황혼이혼율은 급기야 30년 이상 살아온 세월을 찢어낸다. 깊어진 감정의 골을 벗어나면 이혼여성은 곧 빈곤의 늪 앞에 선다. 긴 갈등과 재판 끝에 정서는 이기고 경제는 진다. 셋째는 상속 빈곤이다. 사별에 울고, 어머니를 돌보마 약속했던 아들에게 통장을 넘긴 후, 자식의 배신과 동시에 빈곤은 찾아온다. 먼 일 같고 남 일 같은가? 눈물 나는 일이지만, 현실은 여전히 우리에게 남아 있다.

삶을 살아가면서 과거에는 한 번도 생각지 않았던 퇴직, 이혼, 상속을 누구나 거치는 세상이 되었다. 이것들은 우리를 파도처럼 덮치고 우리는 그저 그 잔인한 파고를 바라보다 휩쓸려 가야만 할까? 변화하는 세상 속에 여자들의 자리도 참으로 많이 변했다. 퇴직을 앞둔 남편이 나를 바라보고, 혼자 남은 나의 삶은 내가 책임져야 하며, 늙어서도 아이들에게 손 벌리고 싶지 않다. 그렇다면 단군 이래 가장 오래 살고 있는 호모 헌드레드, 이 100세시대에 건강관리만으로 남은 50년을 보낼 것인가? 자산관리를 통해 남은 50년 이상의 세월을 살 수 있을까? 성인이 된 자녀들이 여전히 길게 남은 우리의 삶을 책임져줄 수 있을까? 답을 말하자면, "아니다, 불가능하다."

뭔가 새로운 것을 잠시 생각하지만 또다시 멈추어 서게 된다. 과연 우리에게 경력이 있는가? 아이와 살림 속에 살아왔던 우리의 이력서는 한없이 초라할 텐데, 과연 우리가 새로운 시작을 할 수 있을까? 답을 먼저 말하자면, "그렇다, 당연하다."

키워내고 만들어내고 유지하는 일로 잔뼈가 굵은 여성인가? 아니면 오랜 사회경험으로 사회의 물살을 읽어낼 줄 아는 여성인가? 여전히 성취로 가슴에 꿈을 꾸는 여성인가? 여성들의 삶의 자리는 다양하나, 변화하는 세상 속에 우리는 이제 하나의 새로운 목표를 바라보게 된다. 세대의 자부심을 만드는 방법이다.

생명을 키워낸 우리이고, 없는 것에서 일구고 살려낸 사람이 바로 나였다. 지금까지의 일이 아닌 다른 영역도 가능할지 두려운가? 육아현장에서 '일'해온 당신의 다른 이름은 베테랑이다. 프로페셔널은 주변영역을 넘나들며, 이전의 경력을 새 일의 양분으로 삼는다는 것을 누구보다 잘 알 것이다. 무엇이 염려되는가? 멈추었던 손은 새로운 의지와 벅찬 에너지로 다시 움직인다. 혼자라면 어려울 것이나 사회가 시스템으로 다시 시작하는 우리의 손을 도울 것이다. 돕는 손이 낯선 손을 단단하게 붙들어줄 것이다.

우리는 남편의 퇴직, 혼자 사는 것, 새로운 출발에 대한 두려움 같은 이유들만으로 일하지는 않는다. 두려움은 우리를 고작 몇 걸음만 나아가게 할 뿐이다. 우리에게도 꿈이 있고, 우리에게도 성취가 있고, 우리에게도 남은 삶에 대한 벅찬 에너지가 있다. 그리고 우리에게 이제 내 이름 석 자가 찍힌 명함이 생길 것이다. 상상해보라. 소속이 있고, 직함이 있고, 사람들은 내 이름과 내 직함을 함께 묶어 부를 것이다. 곧 그 명함은 남편의 존중을 불러오는 종이가 되고, 혼자의 삶에 빛나는 자존감이 될 것이고, 우리네 자녀들의 반짝이는 자부심이 될 것이다.

누군가 우리의 새 시작을 제2의 인생, 제2의 경제활동, 제2의 전성기라고 부를지 모르겠다. 그러나 나는 새로운 시작을 다짐하는 이 선택을 '두 번째 영웅기'라고 부르겠다. 첫 번째 영웅기가 아이를 기르고 기술을 배우고 욕망을 멈추는 용기를 가진 때였다면, 이 두 번째 영웅기는 자신을 기르고 자신감을 배우고 욕망을 충족시키는 선택을 하는 때가 될 것이다. 물론 세월을 바라보는 우리 여자들의 이 선택을 이기적이라고 부르는 사람들도 있을 것이다. 그러나 기억하라. 악마는 프라다를 입는다.

세대의 젖, 세대의 떡: 맞벌이 엄마들을 위하여

홀로 살아가는 사람들에게 중요한 요소를 꼽으라면 의식주(衣食住)를 생각하겠지만, 이들에게 가장 중요한 요소는 '온도'이다. 뜨거울까 고민이지만, 좀처럼 뜨거울 일 없는 이들이 바로 홀로 살아가는 이들이다. 최근에야 혼밥족이니 혼술족이니 혼영족이니, 이른바 혼자 노는 것의 진수를 보여주는 '혼놀족'의 세상이라지만, 이들 역시 '따뜻한 밥'이 필요하고 '후끈해지는 술'이 필요하고 '짠한 영화'에 가슴 뛰고 싶고, 들이대듯 '땀나는 놀이'가 필요하다.

항온동물인 인간의 습성인지, 모든 인간은 '온도'를 향해 끊임없이 달려간다. 목표가 없으면 혼자 달려서라도 온도를 만들어내고야 만다. 만일 온도를 만들어내지 못하면, '온도'는 '우울'

이 되고 '질주'는 '절망'이 된다. 그러고 보면 온도야말로 사람이 살아있다는 것이고, 사람이 살아야 할 공간이다. 그렇다면 온도는 어떻게 만들어질까?

물리학에서 보자면, 열역학 제0법칙에 기초하고, 에너지와 엔트로피 간의 이해가 높아지면서 파생되어 나오는 것이다. 즉, 에너지를 엔트로피로 잘게 쪼갠 값으로 나타나고 이는 늘 계의 평형이라는 상황에서만 정의될 수 있다. 말이 좀 어렵지 않은가? 이를 좀 쉽게 풀어보자면, 결국 온도는 늘 안정적인 환경에서 만들어지고 측정될 수 있다는 말이다.

그럼 직업의 온도는 어떻게 측정될까? 뜨거우면 죽을 것 같고, 차가우면 간절한 것이 직업의 온도이다. 치열함은 늘 고통을 수반하고, 실직은 그보다 더 고통스럽다. 치열한 순간에서 내려오면 숨을 쉴 수 있을 것 같고, 실직을 벗어나면 덜 고통스러울 것 같다. 그럼 '치열함'과 '실직'의 중간 정도면 가장 안정적이고 편안할 것 같지 않은가? 바로 그 '치열함'과 '실직' 사이에 있는 이들이 경력단절여성, 즉 '경단녀'들이다. 직장의 치열함은 벗어났으니 뜨거워 죽을 일은 없고, 주부라 실직은 아니니 고통의 끝자락에 있는 것도 아니다. 이만하면 온탕과 냉탕의 중간지대인 '미지근' 지대라 좋을 것 같지만, 이 사회는 덥거나 뜨거워야 대접받고, 미지근하면 뱉어내기 일쑤다.

치열함의 경력도 있고, 실직이라는 현실도 겪은 '경단녀'는 과연 둘 다를 가진 인류인가? 오히려 경력은 시대에 뒤떨어지고, 새로운 일을 하기에는 이리저리 붙잡는 현실이 너무 많은, 사회적으로는 저생산 예상 그룹이 바로 '경단녀'다. 생산 감각과 조직세계 감각이 떨어지고, 젖을 갓 뗀 갓난아이는 수시로 아프고, 시댁 식구가 와도 조퇴를 하고 가야 하는 시월드 최적화 조직원의 사회적응 신고식은 호되기만 하다.

그러나 새롭게 일을 시작하려는 여성들에게 남성들은 '아줌마'라고 부르고, 미혼 여성들은 '언니'라고 부른다. 경력단절 여성들은 '아줌마'나 '언니'가 아니라 '대리'이고 싶고, '과장'이고 싶고, '부장' '전무' '이사' '사장'을 꿈꾸고, 쉬어도 그 자리에서 쉬고 싶은 휴먼(休man)이다. 남성, 여성, 그리고 제3의 성인 '아줌마'가 아니라 경력을 쌓고, 경력을 확장하고, 일을 통해 삶을 일구고픈 욕망의 인간이다.

이제 사회가 돕겠다고 나섰으니, 그리고 일을 하겠다고 나섰으니, 이제는 경력단절녀 '경단녀'라는 말은 그만하자. 호칭은 관계와 역할을 규정한다. 그러니 '경단녀' 말고 새로운 이름으로 시작한다면, 이들의 관계와 역할은 당사자에게나 부르는 이들에게나, 듣는 이들에게 새로운 그림을 줄 것이다. 자, 무슨 이름이 좋을까. 새로운 경력을 시작하는 여성, 새경녀? 아니면, 기꺼이 선택하는 여성, 기선녀?

이들에게 어떤 이름이 좋을까라는 생각을 하는 사람들이 필요하다. 더 많은 사람들이 이들에게 새로운 이름을 지어주려고 할 때, 새로운 가치가 창출되고 새로운 세상이 만들어진다. 이들에게 새로운 이름을 지어주려는 자들이야말로 너무 뜨겁거나 지나치게 차가운 생명에 온도를 불어넣어주는 자들이다. 이들 한 사람 한 사람이 온방을 데우는 군불이고 장작이다.

스스로에게 입김을 불어넣어서 생기가 도는 사람은 없다. 누군가의 외투가, 누군가의 군불이, 누군가 하나씩 집어넣은 장작이 불이 되고, 에너지가 되고, 엔트로피가 되어 온방을 데우는 온도가 된다. 온도는 늘 탄생한다. 에너지와 엔트로피로 탄생한다. 그리고 온도는 다시 에너지가 되어 사람을 데우고, 그 사람은 다시 땔감을 위한 장작을 패고, 볏짚을 말리기 시작한다. 우리의 온도는 그렇게 다시 돌아 다른 온도를 탄생시킨다. 인류가 그렇게 빙하기를 거쳤듯, 차가운 경단녀의 방바닥은 이 사회 구성원 하나하나의 에너지로 데워져, 결국 이들에게 따스하고 새로운 이름이 된다.

이제 새로운 이름을 붙여보자, 온도를 불어넣어보자, 새로이 시작하는 그녀들에게 당신은 어떤 이름을 붙여줄 것인가? 당신이 붙인 이름은 엄마의 이름이 되고 다시 아내의 이름이 되어, 세대의 떡을 먹이고 세대의 젖을 먹이는 자를 부르는 '호칭'이 될 것이다. 젖이 있고 떡이 있으니 생명의 장이요, 성장의 장이다.

새로운 시작 앞에 엄마로 아내로 고민하는 여인들에게 권한다. 세상의 젖과 세상의 젖을 먹이니, 미안함이 아니라 자부심으로 시작하자. 곤란함이 아니라 논의로 시작하자. 아이들 심장은 엄마의 자부심의 젖으로 뛰기 시작하고, 가족회의가 시작되며, 아이들은 역할을 맡고 독립을 배우고 민주적 시민의식을 배운다. 자부심과 독립, 그리고 민주적 시민의식을 시작할 시점, 엄마는 세기의 떡을 빚어 가족을 먹인다. 땀으로 물을 대신하고, 성취와 기쁨의 밀가루로 가족의 손들을 모아 반죽을 시작하고, 사회의 온도로 불을 떼어 먹이자. 우리의 선택과 창조성으로 가족을 먹이자.

오, 나의 여신님

종교심리학자들은 말한다. "사람은 태어나서 모두가 신을 만난다. 그리고 가장 처음 만나는 신은 엄마다!" 물론 아이들이 청소년기가 되면 여신이 그렇게 생기지 않았다는 것을 곧 알게 될지언정, 엄마는 여신이었다. 엄마는 만물을 풍요롭게 하는 땅의 여신 데미테르이고, 자식을 보호하기 위해 맹렬히 싸우는 아테나이며, 뚝딱 십 분이면 진수성찬을 만들어내는 헤스티아이다. 노래를 불러주는 뮤즈이기도 하고 가끔씩은 앙갚음의 여신인 네메시스가 되기도 하지만, 그리스 로마 신화에 나오는 모든 여신을 합친 이름 바로 '엄마'이다.

물론 엄마도 가지가지다. 아이들에게 엄마 앞에 형용사를 붙여보라고 하면 세상의 모든 형용사가 다 나올 만큼 엄마도 가지가지다. 그중에는 형편없는 형용사도 많이 있다. 또 아이들 입장이 아니더라도 참으로 형편없는 엄마들도 많다. 아이를 지배하려고 하고, 아이를 분노 표출의 대상으로 삼거나 자신의 인정 욕구를 채우기 위해 아이를 앞세우기도 한다. 이런 '거짓 엄마'들은 아이들의 성장과 발달에 부정적인 영향을 미칠 뿐 아니라, 엄마 본인의 삶도 매우 불행하다.

그렇다면 좋은 엄마라는 여신은 어떤 존재일까? 어떤 특성이 좋은 엄마라는 여신이 되게 하는 것일까? 돈이 많아도 좋을 것이고, 예뻐도 좋을 것이다. 그러나 돈이 없어도 인물이 빼어나지 않아도 좋은 엄마가 될 수 있는 길은 많다. 다만 조금 더 기술적인 여신이 되고자 한다면 엄마들이여 공부하라!

교육학, 철학, 심리학, 심지어 수능대비 정석을 공부하며 아이들을 잘 키우고자 심혈을 기울이던 엄마들이 제때 따라주지 않는 아이들로 열 받다가 심혈관센터를 찾곤 한다. 정작 엄마가 해야 할 공부는 한 가지다. 아이들을 공부하라!

우리가 아는 부모는 평생 다른 역할을 하며 아이의 나이와 발달에 따라 최소한의 생존을 유지시키는 보육자, 삶의 방식을 알려주는 양육자, 옳고 그름을 알려줘 사회적 울타리를 배우게 하는 훈육자, 인생의 동력을 만드는 격려자, 삶의 자리를 함께하는 상담자, 나이 들어가며 함께 살아가는 동반자이다. 그러나 한 번도 같지 않았던 부모의 역할에서 늘 한결같이 아쉬웠던 것은 무엇이었을까? 바로 대상에 대한 공부이다. 무엇을 해야 할지는 대상이 누구인지, 대상의 상태가 어떠한지에 달려 있다. 엄마들이여, 오늘부터는 아이들을 연구대상으로 삼자. 아이들을 일방적 양육의 대상으로가 아니라, 나의 연구 대상으로 삼자. 좋은 연구를 위하여 먼저 아이들을 면밀히 관찰하자. 나의 취향이 아니라 아이의 숨어 있는 취향을 관찰하고, 친구들에 대한 아이의 평가를 살피자. 아이의 관심사를 발견하고, 아이가 깊이 숨겨둔 고민을 관찰하자. 무작정 들어가 고민을 물어보는 것이 아니라 관찰하는 것이 먼저이다. 좋은 관찰은 어떤 치유보다 훌륭하다.

소설로 치자면 3인칭 관찰자 시점으로 내 아이라는 책, 아이의 삶에 대한 논문을 써간다고 생각하면 좋을 것이다. 아이를 관찰해야 아이가 보인다. 시인의 말처럼 "자세히 보아야 예쁘고 오래 보아야 사랑스럽다". 진짜 예쁨과 진짜 사랑은 진중한 관찰 과정이 있어야 가능하다. 관찰하면서 아이를 기다려보라. 자신을 관찰하는 사람, 그리고 알면서도 기다려주는 바로 그 사람, 나를 꿰뚫는 것 같지만 나를 지켜주는 사람, 함께 있으나 거리를 지켜주고 원할 때 반응해주는 바로 그 사람! 우리는 그를 신(神)이라 하고, 아이들이 커가면서 사라졌던 여신은 다시금 성장하고 머리가 굵어지고 세상을 알아가는 아이들 가슴속에 다시금 살아날 것이다. 우리의 여신, 엄마들이여, 관찰하자. 그리고 기다리자. 문을 열고 들어오는 아이들이, 이내 마음의 문까지 열고 엄마를 부를 것이다. “엄마~~ 오, 나의 여신님이여!”

천일야화

《천일야화》를 읽어보았는가? 《아라비안나이트》라고도 불리는 이 책은 중동의 구전문학을 정리한 책으로 280편이 넘는 이야기 꾸러미이다. 우리에게 잘 알려진 알라딘의 램프 이야기, 알리바바와 40인의 도적, 신밧드의 모험 이야기는 모두 이 책의 일부이다. 이 책은 한때 유럽에서 금서 취급을 받았을 정도로 성적(性的)으로는 직설법이다. 그러나 《천일야화》는 신앙적으로는 성적(聖的)이라는 평가를 받기도 한다. 성(聖, sacred)과 속(俗, profane)의 주제를 한 번에 끌어안으며, 성적(性的)임과 동시에 매우 성적(聖的)인 이야기가 바로 《천일야화》이다. 그 야하고, 천박하고, 저속한 이야기를 어찌 '성(聖)'스럽다 말하는가?

《아라비안나이트》, 그 천일의 이야기는 분노로 시작한다. 동생 아내의 불륜, 형수의 난잡한 삶, 아내의 외도에 치를 떨었던 샤리야르왕은 처녀와 하룻밤을 잔 다음날이면 어김없이 처형한다. 숱한 처녀들이 처형으로 연일 살해당하던 차, 셰헤라자드의 이야기가 시작된다. 무려 1천 일 하고도 하루 동안 이야기를 듣던 왕은 자기도 모르게 마음이 누그러져서 학살을 중단하고 아내인 셰헤라자드와 행복하게 살다가 죽는다.

매일 처녀가 죽어나가는 이야기 속 왕궁의 이야기 같은 여자들이 있다. 결혼과 임신, 출산이 죄가 아님에도 출산휴가를 쓰려면 퇴사를 전제로 해야 했던 여자들이 있었다. 아이들을 키우는 동안에는 아이 태울 유모차를 꺼낼 마땅한 자리가 없어 삐딱하게 차를 대놓았더니 '이(李)씨'임에도 불구하고 '김(金)여사'가 되었다. 한 번의 질문도 없이 성씨를 갈아치우니, 조상님이 땅을 칠 일이다. 자란 아이들을 학교에 보낼 나이가 되자 이름은 '경단녀'로 바뀌었다. 단연코 경력을 멈춘 적이 없었고, 꾸준히 짬을 내어 이전 일에서 멀어지지 않기 위해 공부를 했던 모든 노력은 간 곳이 없다.

이제 우리에게도 '이야기'가 필요하다. 화난 이들의 화를 가라앉히고, 단절이 이어짐이 되게 하고, 비난이 멈추고, 높아진 불안을 낮추는 이야기가 필요하다. 사람을 말하고, 놀라움을 말하고, 기승전결을 보이고, 정서를 설득하여 손에 든 칼을 내리게 할 이야기가 필요하다. 새로운 일을 시작하려는 이들의 이야기에는 알리바바보다 날렵한 주인공의 이야기가, 40인의 도둑보다 더 기막힌 시댁의 이야기가, 신밧드가 했던 모험보다 더 엄청난 육아와 적응의 이야기가 있다. 그리고 새로운 시작을 위해 선택했던 공부와 준비의 시간, 육아와 공부를 함께 준비하며 쑥과 마늘을 먹었던 곰 이야기, 한라산 같은 큰아이에게 팔베개해주고 관찰섬 빨래처럼 집안 가득 손빨래를 널었던 21세기 설문대 할망 이야기 등 이제 이들의 이야기를 들어보자. 서울여성들의 경력단절 기간이 평균 4.5년이니, 하루씩 이야기를 풀어가기만 해도 1천 일 야화를 훨씬 뛰어넘는 이야기가 이어진다. 이들의 절절한 이야기를 들어보자. 이야기를 들어야 이들의 화가 가라앉을 것이다. 이야기가 이어져야 다른 여성들도 살린다. 이야기가 이어져야 성난 왕의 분노는 안정과 행복으로 변화한다. 모두를 살리는 '이야기', 모든 사회, 모든 세대를 살리는 이야기가 필요하다. 새로운 경력을 시작하는 여성들이여, 이제 이야기를 시작하자. 살리는 이야기는 성(聖)스러우니, 엄마들이여 이제 성(聖)스러운 이야기를 시작하자. 우리의 이야기가 아이의 미래를 살리니 이제 시작하자.

인간 압력솥인 나는 사이다!

비꼬는 친구에게 새가슴 친구가 가슴을 훅 털어내듯 시원하게 한마디하면 이렇게 말한다, "호선이, 사이다!" 요즘은 이 말이 유행이다. 사실 나는 사이다를 마시면 식도가 부글부글 끓는 것 같은 것이, 마시는 즉시 나의 식도와 위장의 위치를 정확히 알려주는 내시경을 찍기 위해 마시는 조영제 같은 게 사이다이지만, 가끔씩 입안이 텁텁하거나 뭔가 답답하다 싶으면 사이다를 마신다.

그리고! 눌린 사람들에게 친구의 용기 역시 사이다다! 텁텁함, 답답함은 매우 심리적인 용어이자, 동시에 신체화 언어이기도 하다. 보통 '화병'이라는 우리나라 여성전용 심리질환에는 '답답해', '가슴에 뭔가 있는 것 같아', '속이 화끈거려'라는 말들이 주로 나열되는데, 이런 이야기를 하는 여성들은 젊으나 늙으나 전형적인 두통과 손 저림, 가슴 두근거림 등 흡사 갱년기 증상 같은 것들이 동반되니 말이다. 인생에서 답답했던 순간들을 누르고 다시 눌러 인간 압력솥이 된 병이 바로 화병이라는 말이다. '매 순간 압력을 빼줄 만한 뭔가가 있었다면 이런 병은 없었을 텐데'라는 생각을 한다. 다시 말해, '숨 막히는 순간들마다 마음의 사이다가 있었다면 불화산 같은 가슴을 끌어안고 살지는 않았을 텐데'라는 생각이 든다.

집단정신의 소방관, 이 사이다는 어떻게 하는 건가? 용기 있는 친구에게는 태생부터 소장의 융털돌기에 박혀 있다가 성인기의 일정 시점, 특히 오 부장이 급격히 몰아붙이는 바로 오늘을 위해 오랜 진화와 세월 속에 감추었던 '사이다'를 아더왕의 엑스칼리버처럼 뽑아 쓴 것일까? 아니면, 위장, 간장, 소장, 대장의 모든 에너지를 일시에 모은 것 같은 비일상적인 용기가 급격하게 나타난다는 분노조절장애의 징후를 하필 오늘 급발진한 것일까? 혹은 이 과장이 회사를 그만두고 싶어 용을 쓴다고 생각해야 할까?

이런 사이다 발언의 심리적 근원은 크게 두 가지로 보인다. 하나는 마음의 드론을 띄워 상황을 더 크게 보는 이가 적시적소에 소방관이 불 끄듯 집단 역동을 조정하기 위한 숨은 리더십이거나, 다른 하나는 불타는 인정욕구로 스스로에게 불을 붙이는 살신성인, 등신불 용기이다. 전자는 전체를 파악한 집요하도록 지능적인 개입으로 스스로를 고양할 뿐 아니라, 타인의 숭앙도 얻어내는 21세기형 소집단 대표 리더십이고, 후자는 과거로부터 이어진 성취동기로 콤플렉스 전시효과와 같이 자신을 부끄럽게 하고 타인의 입지도 몹시 곤란하게 만드는 전근대적 심리 부적응이다.

사이다 발언의 심리적 근원이 무엇이든 간에 우리는 언제든, 누구든 사이다 발언을 기다린다. 호기(呼氣)와 맷집, 위트, 감각적 단어선택 등 다수의 인지적 요소가 가미되어 있기에 사이다 발언은 용기만으로 되는 것이 아님을 잘 알고 있다. 굳이 여기에서 사이다 발언 유기화합물을 분류해본다면, 다음과 같다.

> 호기 + 맷집 + 위트 + 감각적 단어선택 +
> 영리한 상황파악 + 용기 + 다음 상황을 대비하는 예측력 +
> 수용적인 분위기 + 눈 부릅뜨고 맞먹는 자식 = 사이다!!!

사이다 발언은 마음을 시원하게 하고, 사이다는 목을 시원하게 한다. 누구나 할 수 있는 것은 아니나, 누군가 해야 한다면, 그리고 기꺼이 선택해야 한다고 믿는 이가 있다면, 다소 썰렁하다 해도 그를 심리통치자라고 해도 좋을 것이다. 고귀해서가 아니라 무모해서, 긴 연설이 아니라 짧아서, 영웅이라서가 아니라 웃겨서, 부자라서가 아니라 실익을 무시하기에, 그러나 사람들에게 중독성 있는 통쾌함과 예술적인 기대감을 주기에 우리는 내일도 친구의 사이다 발언을 기다린다. 저사람 저래도 되나 싶은 마음이 늘 들면서도 그 다음날도 우리는 친구 입만 바라보고 있을 것이다. 여기서 시인 안도현의 〈너에게 묻는다〉를 이렇게 말해본다.

> 너에게 묻는다 사이다 함부로 말하지 마라
> 너는 누구에게 한번이라도 시원한 사람이었느냐

오늘 우리 마음의 통치자 이 여사, 자인이 엄마, 한 남자의 아내, 감정을 담아내는 인간 압력솥인 나는, 사이다~~~!!!!

4

아버지, 그리움과 경멸의 두 얼굴

행복한데, 들어가기 싫은 아버지를 위하여

어린 시절 아버지가 노란 월급봉투를 가져오는 날이면, 어머니는 곱게 화장하고 따끈하게 데워놓은 물로 아버지의 발을 씻겨드렸다. 퇴근한 아버지가 문을 열고 들어올 때 나는 아버지의 손만 바라보았다. 검은 봉투에 내가 좋아하는 귤과 센베(생과자)를 들고 들어오실 것이 분명하기 때문이다. 만취한 아버지의 수염공세만 견뎌내면 곧 과자를 먹고 용돈도 받는다. 용돈을 받을 때면 '아버지 만세'를 삼창했던 때, 아버지는 취기가 채 가시지 않은 채 "좋다!"고 하셨다.

요즘 아이들이 아버지의 월급봉투를 보기란 거의 불가능하다. 일부러 받은 월급을 인출하여 자비로 마련한 봉투를 사서 직접 담지 않는 한, 연출 없이는 불가능한 장면이다. 물론 쥐꼬

리만 한 봉급이지만, 월급봉투 전달이라는 공식적 권력과시는 과거 아버지의 존재와 영향력을 보여주는 매우 상징적인 '행사'였다. 이 월급봉투 전달이 갖는 의미를 따져보자면 이러하다.

첫째, 실질적 권력이 어디서 나오고 있는가를 공식화하는 기능을 했다. 또한 매달 반복된다는 점에서 정례화하는 기능도 했다. 아내는 남편의 능력을 통해 주부로서의 역할을 다짐하고, 자식들은 어머니의 순종을 보며 또 자신들의 용돈을 세어가며 자식으로서의 정체성을 재확인한다. 아버지의 또 다른 이름 '가족 대통령', '우리 집 대통령'은 바로 흑백TV 시절 노란 컬러 봉투를 전달하는 과정에서 최고통치자의 위상을 의미했다.

둘째, 가족모임과 문제해소 통로 기능이었다. 좁은 집, 빼곡한 자식들이 머리 검어지며 따로 돌아다니다가도 아버지 월급날이면 이른 귀가를 자청하고 심지어 집 나갔던 아들놈도 아버지 월급날에 맞추어 가출을 종료했다. 가족의 경제문제는 아버지의 월급봉투를 통과하면서 해결의 국면을 맞고, 이런 경제문제는 부부 간 감정의 문제를 녹이는 데도 일조했다. 월급봉투를 두 손을 모아 받으며 "수고했어요, 여보" 이 말을 건네면서 어제까지만 해도 서로 죽일 듯이 언성을 높였던 부부는 해소의 국면으로 접어든다. 월급봉투를 건네는 것으로 남편은 아내에 대한 재신임을 보이고, 아내는 기꺼이 봉투를 받으며 이를 남편에 대한 용서와 새로운 다짐으로 해석하게 되니 말이다.

셋째, 생활의 종료가 아니라 새로운 시작을 알리는 기능이었다. 가계부가 일상적이던 시절은 그만큼 어려운 시절이기도 했다. 아버지의 월급 없이는 그야말로 봉지쌀도 먹기 힘들 만큼 아버지의 월급은 모든 가족의 식도 역할을 했다. 아버지의 월급봉투가 양복 안주머니에서 나와야 그 가족은 다음 달을 안심하며 생활을 시작할 수 있었다. 아이들 등록금과 육성회비를 내고, 달아두었던 채소가게 외상도 갚고, 미뤄두었던 곗돈도 냈으니 말이다. 아버지의 노란 월급봉투가 들어오는 날, 우리의 식탁이 풍성해지면서 세상의 색은 흑백에서 컬러가 된다. 세상의 생동감은 아버지의 '노란' 월급봉투부터 전 세계를 향해 색이 입혀지는 것 같았다. 정말 아버지들의 '폼'나던 시절이었다.

아버지들의 '폼생폼사'는 끝났다. 그 시작을 찾자면 고통스럽던 제5공화국 시절부터였다. 통장으로 월급이 입금되기 시작한 때 말이다. 월급봉투가 없어지면서 월말 절도도 많이 줄었고, 잃은 돈에 눈물 흘리는 가족도 줄어든 것은 사실이다. 그러나 가시적 권력구도 역시 달라졌다. 아버지는 어머니에게 용돈을 '타서' 쓰고, 아이도 엄마에게 버스비를 '타서' 간다. 아버지를 바라보던 월말 월급날 풍경의 주인공은 통장을 통과하며 어머니가 되었다. 그렇다고 아내들이 뭘 잘못했다거나 그런 것은 물론 아니다. 그러나 왠지 폼으로 살던 아버지의 '폼 잡기'도 끝났다.

월급날에도 현관 입구부터 서류가방을 내리고 청소기를 밀면서 들어와야 하는 아버지들의 축제의 날은 이제 기억으로만 남아 있다. 아이들은 엄마의 눈을 바라보며 간절한 애원의 눈빛으로 용돈을 받아내고 이내 방으로 들어가 버린다. 아버지에 대한 감사와 존경은 고사하고 삐뚤어지지 않는 것만으로도 고마워해야 하는 세상에서 아버지 노릇을 한다는 건 참 씁쓸한 일이다. 그러니 요즘 인기 드라마 〈미생〉의 박 대리 말이 더 와서 닿는다. 집 앞에 도착한 박 대리는 혼자 읊조린다. "행복한데…… 들어가기 싫다."

아버지들의 권위가 사라졌다고들 말한다. 통장에 찍히니 아이들은 아버지 월급날을 알 리 없고, 아버지 손에 들린 과일이나 센베 대신 전화로 주문하는 통닭과 피자를 먹는 세상이니 말이다. 그러나 그 말은 사실이 아니다. 노란 월급봉투를 눈에 보이도록 내놓지 못한다 해서 아버지의 권위가 사라진 것은 아니다. 또 퇴근하자마자 청소기를 밀고 들어오는 아버지가 권위가 없는 것이 아니다. 아버지의 권위는 때로는 사랑의 이름으로, 때로는 희생의 이름으로, 그리고 여전히 가족의 대통령 이름으로 남아 있다. 다만, 아버지, 그 가부장의 권위를 담아내고 드러내던 '의례'가 사라졌을 뿐이다. 형식이 내용을 담아내니 말이다.

집집마다 형식을 만들어보면 어떨까? 월급날 여전히 월급은 아내의 통장으로 입금될 것이다. 그러나 아버지들이여, 여기에서 끝내지 말기를 바란다. 월급날엔 누구도 내어주지 않는 '생색'을 내길 바란다. 두 손 가득 피자를 사들고 들어가라. 그리고 큰 소리로 "여보, 오늘 월급 들어왔지? 맛있는 것 먹자"라고 말하며 들어가 보자. "아버지 월급날이니 모여라 용돈이다!"라고 말하라. 사라진 형식을 만들어보자. 치사하고 유치해도 아버지에 대한 존중의 자리를 만들어가자. 이 작은 시작은 아버지 자리회복운동의 시작이자, 영웅으로서의 아버지를 잊고 지내는 아이들의 심장에 다시 아버지라는 영웅을 만들어내는 과정이 될 것이다. 또한 이 과정은 평등한 삶을 살아가는 부부 사이에 '뜨거운 존재감'과 '존중'을 만들어내는 과정이 될 것이다. 이 어색한 시작은 아내의 사랑을 만드는 자리이자, 아이에게 부모 존중을 알게 하는 고백의 자리이자, 우리 가족을 묶는 예배의 자리가 될 것이다.

샤먼과 대디

기술이 세상을 바꾸고 마침내 우리를 마오리족 아닌 엄지족으로 변모시켰다. 도구가 바뀌면서 인류는 진화해왔고, 우리는 집을 바꾸어 살며 역사를 만들었다. 동굴이 움집이 되고, 초가가 기와로, 흙집이 콘크리트로 바뀌면서 지금 인류 엄지족은 산보다 높은 곳에서 매일을 살게 되었다.

그 옛날이야 집은 그저 비와 바람, 그리고 추위를 피하면서 수렵과 채집이 수월한 곳이었으면 족했다. 동굴이 30평인지, 40평인지 크게 신경 쓰지는 않았을 것이고, 프리미엄 동굴을 값비싸게 구할 일도 없었을 것이다. 지금이야 로열층이 있고, 브랜드 아파트가 있고, 지역 특구가 있고, 잘사는 나라가 있어 서로들 어떻게 해서든 좋은 나라, 좋은 구, 좋은 아파트, 좋은 층에 살려고 기를 쓴다.

막상 집에 들어가 보면 구조도 다 거기서 거기이고, 사는 사람들의 얼굴도 대충 비슷하다. 물론 해놓고 사는 살림살이와 장롱과 침대, 소파의 브랜드는 좀 다르긴 한 것 같은데, 까뒤집지 않고서야 누가 그걸 알겠나. 여하튼 안에 들어가 봐도 뭐 대단한 집 아니고서야 다들 그야말로 '고만고만'하다.

옛날에도 물이 동굴 내부에 있어 수분 섭취와 수영이 동시에 가능했던 동굴이 좋았겠다 싶지만, 이런 젖은 동굴은 늘 춥기 마련이라 우리 조상님들이 살기에는 좀 눅눅했을 것이고, 높은 곳에 있는 동굴은 물을 길어다 먹기 힘들고 사냥을 하기 적합하지 않을 뿐 아니라 동물들의 습격에도 여지없이 당했을 것 같으니 너무 높아도 곤란했을 것이다. 그래도 산자락 어디쯤 뚫려 있는 동굴이라면 무료로 이 천혜를 주신 천신에게 두 손을 합장하며 샤먼이 춤을 추었을 것이다. 우리는 좋은 집에 살면서 누구에게 감사하는가?

과거 동굴의 주인은 가족이 아니라 부족이었을 것이다. 생존을 위해 뭉쳐 다니며 자손을 낳고 벽지 대신 벽화를 그리며 그렇게 부족의 삶을 남겼을 것이다. 지금 집의 주인은 가족이 되었고, 이미 그림이 그려진 벽지를 사서 붙이고, 가족의 삶은 사진이나 동영상으로 남긴다. 별로 뭉쳐 다닐 일도 없고 같이 다니며 수렵이나 채집을 할 일도 없다. 각자 자기 영역에서 각자 생존하는 중이다.

부족이 함께 살던 시절에는 신에게 감사하고, 가족이 함께 사는 시절에는 서로 '쌩깐다'! 감사할 신도 아직 그대로 있고, 외부 위험을 피하고 잠을 청할 곳도 여전히 있건만, 우리는 샤먼을 잃은 지 오래다. 그 옛날 하늘과 땅을 잇고, 하늘의 소리를 들어 수렵의 풍요를 기원하고 가족의 안전과 전쟁의 승리를 기원했던 치료자이자 마술사였던 샤먼은 콘크리트와 H빔 앞에 여지없이 무너졌다. 편리는 안전과 함께 불안을 잠재웠고, 하늘로부터 오는 소리는 스마트폰 화면에 잠식당했다. 부족의 샤먼이 이렇게 자리를 잃어가듯, 가족 내의 아버지도 그렇게 자격을 잃어간다. 더 큰 수렵을 위한 계획은 퇴직으로 끝나고 아버지로만 통했던 권력과 권위의 소리는 이제 메아리조차 희미해졌다.

아버지들의 힘은 마술이었고 마법이었건만, 샤먼이 사라지면서 아버지의 마술과 가부장의 마법도 함께 사라지고 있다. 과학은 우리에게 편리를 주는 대신 환상을 앗아갔고, 새 시대는 아버지들에게 이제 다른 정체성을 물어보고 있다.

그래서 그런지 남성들은 힘든 순간 무형의 자기 동굴로 들어간다. 꼭꼭 숨어 자신이 안전하고 여전히 건재하다는 것을 확인해야 비로소 동굴에서 얼굴을 내민다. 흔들 방울도 없고 피울 향신료도 없으나 누군가 가족 속에서 아버지를 불러주어야 한다. 의미 있는 이름으로, 위기 속에 빛나는 이름으로, 큰 소리와 힘센 팔뚝으로 아버지를 불러주어야 한다. 아직 새로운 이름을 찾지 못한 아버지들에게 한 번 더 '의미의 신'을 불러오게 하자. 아직은 남아 있는 가족의 축제에 아버지의 이름과 자리를 만들자. 과학이 이제 아버지 없는 시대를 가져온다 하고, 아이 없이 혼자 사는 시대로 이어진다니, 이제 아버지는 이 시대 마지막 샤먼이 분명하다. 곧 무형문화재가 될지도 모른다. 아이들을 불러 모으고, 손에 평안의 선물을 가지고, 가끔씩 큰 소리를 하늘의 소리라고 우겨대는 우리의 아버지, 그 엉터리 샤먼이 멋진 자기만의 예배, 자신만의 제사를 드려보게 하자. 가족 모두가 집중하고, 과정 모두가 축제가 되는 그런 제사 같은 일을 만들어 보자. 아버지가 소리 한 번 내도록, 아버지가 크게 웃어보도록, 아버지가 축제의 주인이 되게 한다면, 아버지에게서 고백의 주술이 이어지고 사랑의 주문이 터져 나올 것이다. 아직도 아버지로서 계속 서툰 이들을 위해 토 달지 말고 그냥 그렇게 해보자. 이미 그들도 자신에게 마법 지팡이가 없다는 것을 알고 있으니 그냥 해보자. 마법이 없으니 축제인 거다. 주술이 없으니 웃음인 거다. 풍요의 수렵 대신 함박 웃는 아이들의 영구치를 보아야 아버지는 다시 힘을 낸다. 신이 난다. 춤을 춘다. 아버지가 춤춰야 가족도 기쁘다. 오늘은 대디의 댄스를 보자. 꼭 그러자.

아빠는 어떻게 살면 될까?

CNN이 "심약자는 주의하라"는 경고를 줄 만큼 충격적인 어린이집 학대사건이 발생했다. 인천 연구수의 K 어린이집에서 네 살배기가 김치를 먹지 않는다는 이유로 보육교사가 휘두른 주먹에 나가떨어지는 것을 본 후, 전 국민이 충격 속에 공분하고 있다. 인천지역 네이버 카페모임 엄마들을 중심으로 영유아 폭력사태에 대한 규탄집회가 열리고, 추위를 무릅쓰고 한 엄마는 1인 시위를 하고, 서명운동과 행진을 진행하고 있다. 엄마들이 화났다.

엄마들이 화가 난 사이에 아빠들은 13월의 추위를 맞고 있다. 연말정산으로 세금폭탄이 날아들었다. 그렇지 않아도 팍팍한 살림에 담뱃값까지 올라서 땔감(담배)도 없고 과자(담배)도 없는 아빠들은 지갑마저 털 빠진 오리털점퍼가 되었다. 혹독하고 춥고 재미없는 아빠들의 겨울이 지나가고 있다.

뉴스를 보면 미국 금리가 올라가고 러시아 금리가 올라간다고 하니 우리나라 금리도 오를 것이 뻔하고, 세계 경제가 어렵다 하니 그 입김에 대출인생으로 살아가는 살림살이는 더 팍팍해질 것이고, 사람들 마음도 팍팍해질 것이고, 그러면 여러 사회문제들은 많아질 것이고, 엄마들은 다시 화가 날 것이고, 아빠들의 지갑은 다시 얇아질 것이다. 살림이 팍팍해지다 보면 그나마 멍텅구리 통장에 감추었던 비상금마저 생활비로 털어야 하는 상황이 곧 올지도 모른다.

그러나 아이들은 여전히 밝고, 아내는 여전히 일상을 살아갈 것이다. 뭐든 지나가고 남는 것은 '자신'이다. 그리고 아버지 우리도 살던 대로 살아갈 것이다. 좀 더 푸념하고 좀 더 눈치보고 좀 더 줄여가며, 그렇게 살게 될 것이다. 적어도 경제적으로는 그렇다!

그렇다면 내 아이의 아버지로는 어떻게 살아가야 할 것인가? 아버지라는 이름으로는 어떻게 살아야 할 것인가? 답이 필요한가? 답은 질문 다음에 있다. 그리고 아버지는 아이에게 물어봐야 할 것이다. 아이들에게 물어보라. "아빠는 어떻게 살면 될까?" 이 난감한 주관식 질문에는 객관식 4지선다에 익숙한 아버지 세대보다 주관식 서술형 증명문제에 더 익숙한 내 아이의 답이 더욱 분명할 것이다. 몇 집에 전화를 돌려 아버지들이 아이들에게 질문을 하도록 요청했는데, 총 12가구 중 11가구에서 답이 왔고 이 중 8가구 아이들은 아버지에게 놀라운 답을 제공했다. 8명의 아이들은 청소년기를 지내고 있었고, 연령은 9~23세 사이였다. 이들의 답이 놀라운 것은 모두 같았기 때문이다.

> "아빠, 지금까지 살던 대로 사세요."
>
> "아버지, 하던 대로 하세요."

자칫 버릇없는 세대의 욕설처럼 들리는 이 답을 들은 아버지들의 반응이 정말 흥미로웠다. "애들이 그렇게 말해주니까 정말 맘이 편하다"가 아버지들 반응의 대세였다. 물론 그중엔 개와 새를 들먹이며 가만두지 않겠다는 아버지도 있었다.

폭력 앞에 쓰러지는 장면을 보며 화가 난 엄마 옆에서 엄마가 쥐어준 피켓을 들고 시위에 동참하고 아들은 그전처럼만 살자며 가슴 헛헛한 아버지를 위로한다. 이러한 공감과 위로가 아이들로부터 나온다는 것을 기억하자. 화가 난 앵그리맘을, 그리고 가슴 허한 헝그리 대디를 바라보는 아이들의 시선은 매우 정직하고 매우 위로가 된다.

내 아이의 안전과 세상에 대한 걱정으로 마음 졸이는 엄마들, 그리고 처절한 생존의 밭을 뛰어다니는 아버지들에게 알린다. 특히 가장으로 우뚝 서고 싶지만 무릎 꿇고 빌어야 하고, 비행기에서 내려야 하고, 멍텅구리 통장까지 털려야 하는 지점에 선 헝그리 아빠들이여! 위로 받고 싶고 미래가 염려되거든 아이들에게 물어보기 바란다. 멍해 있는 아빠에게 아들과 딸이 머리에 종을 울려줄 것이다. 위로의 종소리, 평화의 종소리가 들리는 순간 눈을 떠서 앞에 서 있는 아이를 바라보기 바란다. 그 순간 아버지의 마음세계에서 아이들은 아버지의 허기뿐 아니라 아픔까지 만져주고 있는 의젓한 위로자가 되어 아버지의 심장으로 성숙하게 될 것이다. 지금 아이에게 물어보라.

당신은 아이들에게
어떤 단어로 기억되고 있는가?

사랑한다는 고백을 받아본 적이 있는가? 혹은 사랑하노라 고백해본 적이 있는가? 두 순간 모두 짜릿하다. 그 장면은 석판처럼 각인되고 두고두고 기억이 되어 위기의 순간에 삶을 지탱해주는 투명버팀목이 된다. 짧은 순간이 긴 기억으로 남는다.

태어나면 자라고, 자라면 모든 것이 쇠퇴하기 마련이다. 100층이 넘는 건물을 붙들던 쇠도 녹슬고 마냥 5월일 것 같은 청춘도 주름 잡힌다. 그리고 모두 같은 곳으로 돌아간다. 그것이 흙인지 무(無)인지 시작인지 알지 못하나, 종국에는 같은 곳으로 돌아간다.

장례식이 잦은 요즘 아버지를 떠나보낸 아들들은 한결같이 울었다. 그리고 마치 교과서를 읽듯 같은 말들을 한다. 이럴 줄

몰랐다고, 돌아가시니 이제야 알겠다고, 살아계신다면 지금처럼 보내지는 않을 것이라고. 그러나 종국에는 같은 곳으로 돌아온다.

잃고 나면 생각나고, 지나고 나면 그립고, 떠나고 나면 아쉬워지고, 보내고 나면 눈물이 난다. 열정의 세월 동안에 한 번도 돌아보지 못한 사람들을 보내는 것이 왜 어려운 일일까? 밤새 두들겨 맞아 생긴 흉터가 아직도 있다며 팔뚝을 걷어 올려 보여주는 맏상주. 상처를 보여주며 아픔을 몸에 새긴 아들이 잔인했던 아버지의 영정사진을 보며 눈물을 흘리는 이유는 뭘까? 평생 고생하며 홀로 아들 셋 딸 둘을 시집장가 다 보내고 손주 8명을 키워내고 결국 딸네 집에 오는 길 돌부리에 넘어져 결국 일어나지 못하고 돌아간 어머니를 생각하며 머리가 희끗한 막내딸이 울고 있다. 한 번도 엄마를 모시러 현관문을 열고 나가본 적이 없는 그 딸이 엄마가 그립다면서 목 놓아 울고 있다. 어머니의 삶에는 눈물이 나는데, 딸의 고백에는 눈물이 나지 않는다.

엄마 앞에서 울던 자식들의 눈물은 아버지 앞에서는 1/3 토막이 나거나 눈물이 증발되는 경우가 많다. 장례식장에 가보면 모친의 장례인지 부친의 장례인지 확인이 가능한 경우가 많다. 어머니의 죽음 앞에서는 목 놓았던 그 딸도 아버지의 영정 앞에서는 장례가 끝나면 울 예정인지 표정이 담담하다. 왜 우리 아버지들은 평생 애쓰고 죽어서도 대접을 못 받나!

이유는 간단하다. 아이들은 거의 매일 어머니의 희로애락을 보고 나누고 도왔던 반면, 아버지는 저녁에 잠시 나타났다가 새벽같이 사라지는 '객'에 준한다. 아버지의 눈물도 목젖이 보이는 웃음도 깊은 한숨도 영락없는 고통도 모두 불 꺼진 방이나 자녀들이 볼 수 없는 곳에서 발생한다.

아이들은 아버지의 자부심의 자리도 볼 기회가 없었다. 아버지의 자부심은 늘 일터에 있었고, 아이들에게 자신들의 이야기는 국정원 1급 비밀인 양 언급하지 않으니, 아이들은 본 것을 통해서만 이해하고 들은 것을 통해서만 아버지를 알았다. 어머니의 불평 속에서 아버지를 보고, 늦은 밤 엄마의 사주에 못 이겨 가장 노릇하느라 질러댔던 큰 소리로 기억되고, 그러고는 늙어 삼식이로 해석되니, 평생 아버지는 아이들에게 그늘이고 작은 조각일 뿐이었다. 질문에 답해보자.

'당신은 아이들에게 어떤 단어로 기억되고 있는가?'

질문에 답하기가 두려울지도 모른다. 그러나 두렵다면 이제 아이들에게 새로운 단어를 시작해보자. 최근 광고처럼 요즘 아이들에게 최고의 아빠는 '콘덴싱 만드는 아빠'겠지만, "아빠는 ○○야!" 하고 사소해도 아버지의 자부심을 전할 단어 하나 시작해보자. 아이들의 심장은 이때부터 뛰기 시작한다. 아버지를 봐야, 아버지를 들어야, 아이들은 본 것으로 들은 것으로 아버지를 기억하고 아버지에 대해 자부심을 갖는다.

세상에서 가장 못난 아버지

세상에는 아버지들이 참 많다. 음악의 아버지는 바흐, 심리학의 아버지는 프로이트, 수학의 아버지는 피타고라스, 믿음의 아버지는 아브라함. 세상의 모든 영역의 선구자이거나 가장 큰 기여를 한 사람을 우리는 '아버지'라 부르곤 한다. 이 아버지들은 얼마나 위대한가? 바흐의 음악은 17세기 사람들의 심장을 울리더니 여전히 21세기 디지털시대 사람들의 머리의 지평도 열고 있다. 바흐의 음악을 들으면 새로운 지평이 눈앞에 펼쳐지니 그의 음악은 인간의 모든 차원을 넘어선다. 심리학의 아버지 프로이트는 이 세상 사람들의 일상에 가장 어려운 심리학 용어인 '무의식'을 가장 무식한 평민에게 허락해주었고, 내 아버지와 처절하게 평생을 싸워야 하는 이유를 '오이디푸스 콤플렉스'라는 말로 이해시켜주었다. 수학의 아버지 피타고라스는 삼

각형 하나로 세상을 평정하며 지금도 전 세계 아이들의 머리를 싸쥐게 하지만, 21세기 우주시대도 피타고라스 덕이다. 믿음의 아버지 아브라함은 큰 믿음이 백 살 수태의 기적을 가능하게 했으며, 아들의 배를 갈라 불태워 바치라고 명령하던 신의 마음도 돌리며 세상에 모래알보다 많은 자손을 거느렸다.

그러고 보면 내 아버지는 뭘 했나 싶다. 그닥 잘생기지도 않아 지금의 내 얼굴을 이렇게 만들고, 탁월한 유전자도 없어 나는 간신히 평균에 준하는 지능을 가지고 살아가며, 재벌 2세로 살고 싶었지만 아버지가 노력하지 않아 난 경제평민으로 살아가고 있다. 아버지가 한 일은 그저 간신히 가족들 입에 풀칠하고, 주식회사 진로가 망하는 게 이해가 안 될 만큼 소주를 마셔대고, 엄마의 눈초리에 슬슬 눈치 보며 가장으로서의 권위를 언제든 집어던지고, 주말이면 체체파리에 물린 것처럼 눈을 떴다 잠들기를 반복하는 무한수면 증후군에 빠져 살 뿐이다. 드라마 〈미생〉을 보면서 아버지가 힘들겠다 생각해보지만, 아무리 아버지를 살펴보아도 〈미생〉 주인공들만큼 열심히 일하지도 않는 것 같다.

그런데 이상한 것은 어머니의 태도이다. 늘 아버지가 '힘들게' 일하고 오셨다고 말씀하시곤 했다. 밤이면 늘 술이 취해 "기분 좋다"고 말하는 아버지를 보며 '힘들게' 일하고 왔다는 해석을 하는 어머니는 거짓말쟁이이거나 세상에 둘도 없는 성녀(聖女)일 게다. 어머니의 해석은 도대체 어디서 온 것인지 자식인 나로서는 도무지 이해되지 않았다. 아버지 월급이 제때 입금되어서인가 싶기도 했지만, 사람이 돈만으로 살지 않는다는 걸 알기에 모름지기 자식이 알지 못하는 내 아버지의 모습이 있기 때문이 아닐까 싶긴 했다. 어머니는 늘 말씀하셨다. "세상에 늬 아버지 같은 사람 없다", "아버지가 계시니 너도 있는 거다". 심지어 아버지에게 덤비며 맞짱이라도 뜰라 치면 어머니의 불호령이 떨어졌다. "내가 존경하는 사람을 니가 함부로 대하지 마라."

아버지를 존경하는 어머니, 그리고 어머니를 존경하는 나! 나는 어머니를 통하여 아버지를 보았다. 늦은 귀가로 내가 볼 수 없던 아버지, 주말이면 잠만 자고 있는 터라 나를 볼 수 없는 아버지, 엄한 체벌 담당자로 두렵기만 했던 아버지에 대해 얼핏이나마 알 수 있는 유일한 방법은 어머니의 이야기를 통해서이다. 평생 나와는 별 볼 일 없었던 아버지가 내 걱정을 한다는 것을 늘 어머니를 통해 들었다. 아버지가 내가 만나는 사람이 믿음직스럽다는 말을 했다는 것도 어머니를 통해 들었다. 줄곧 남처럼 살아가다가 결혼식장에서 아버지의 손을 잡을 때 아버지가 말씀하셨다. "잘살거라. ……"

바흐가 〈G선상의 아리아〉로 마음의 지평을 열고, 프로이트가 심리이론으로 삶을 분석하고, 피타고라스가 나의 수학성적을 책임지고, 아브라함이 나의 신앙 이야기의 시작이 되었지만, 나를 바라보며 떨리는 손을 잡고 잘살라며 정면에서 울어주는 아버지는 내 아버지가 처음이었다. 어머니의 '이야기'를 통해서만 알았던 아버지는 나를 위해 울어주는 아버지였다. 세상의 숱한 유명한 아버지들 중에 끼지도 못하는 못난이 아버지의 눈물을 어머니는 먼저 보았나 보다. 이제 내 아버지에게 함부로 하는 내 아이에게 큰 소리로 말하곤 한다. "내가 존경하는 분을 네가 함부로 대하지 말아라." 나는 못난이 아버지를 존경한다.

아버지는 나귀 타고 장에 가시고

이 노래를 기억한다면 마흔 살은 넘은 거다.

> 아버지는 나귀 타고 장에 가시고
> 할머니는 건너 마을 아저씨 댁에
> 고추 먹고 맴맴 담배 먹고 맴맴

아, 마지막 가사는 틀렸다고 말씀하시는 분들이 계실 거다. '담배 먹고 맴맴'이 아니라 '달래 먹고 맴맴'이라고 꼭 짚어내는 분이 계실 것이다. 교과서에는 '달래 먹고 맴맴'이나, 원래 가사는 '담배 먹고 맴맴'이었다. 이 곡의 제목 역시 원제와 다르다. 교과서에 수록된 제목은 〈고추 먹고 맴맴〉이나, 이 곡의 원래 제목은 〈집 보는 아기의 노래〉였다. 1920년대에 만들어지고 광복

후 음악 교과서에 수록되면서 '담배'는 '달래'가 되고, '집 보는 아기의 노래'는 '고추 먹고 맴맴'이 되었다.

노래 가사를 이야기로 풀어보자면 아버지와 할머니가 외출한 틈을 타 어린 녀석이 담배를 빼끔거렸다는 말이다. 옛날이나 지금이나 속 썩이는 놈은 꼭 있다. 아버지 담배를 몰래 피워보며 아버지 흉내도 내고, 잔소리 심한 할머니를 피해 고추를 길바닥에 뿌리기도 할 테니, 장난꾸러기들에게 아버지와 할머니는 가끔은 없었으면 하는 존재임에 틀림없다. 주말에도 늘 집에 있는 눈치 없는 아버지, 닦고 치우느라 정신없는 매력 없는 할머니가 있었다면 이 노래는 생기지도 않았을 뿐 아니라 교과서는 언감생심 생각지도 못할 곳이다.

어디 노래뿐이랴. 부모 없는 틈을 타서 설탕과 소다를 얹은 뽑기를 만들어 먹느라 연탄불 위에서 태워먹은 국자를 세면 트럭으로 한 대는 될 것이고, 남모르게 했던 수박서리의 단맛이란 고추 먹고 담배를 먹었던 노래보다 더 달콤하고 짜릿하다. 소소한 일탈이 이뿐만은 아닐 것이다. 누군가에게 절대 고백하지 못하고 혼자만 찌릿해지는 기억도 있을 것이다. 심지어는 범죄에 준하는 기억들이 어디 하나 둘인가! 무덤까지 가져갈 크고 작은 일탈들을 생각하며 혼자 웃는 아빠들도 어디 하나 둘인가?

언제나 내가 하면 로맨스이고 남이 하면 불륜이다. 내가 하면 추억이고 내 아이가 하면 일탈이다. 아이들의 일탈로 고민하는 아빠들에게 불러주고 싶은 이 노래는 일탈이 추억이 되고 걸리지 않으면 로맨스가 되는데, 이런 일탈의 기억이 결국 노래가 되어 국정교과서에 실렸다. 원제 〈집 보는 아기의 노래〉를 생각해보라. '아이'도 아니고 심지어 '아기'이다. 기가 막힐 노릇이다. 내 아이가 담배를 입에 물었다 해도 눈이 튀어나올 지경인데, 내 '아기'가 입에 담배를 물고 불을 붙여 빠끔거려 맴맴 매웠다고 한다면 이를 어쩔 것인가! 국정교과서에 실렸던 이 노래의 가사는 경험이 아니고는 결코 쓸 수 없는 노래이다. 진한 사랑 없이도 사랑을 노래할 수 있다지만, 이 가사는 경험에서 우러나온 것이 분명하다.

그러나 아버지들이여, 치사하게 굴지 말자. 우리도 그렇게 크고 작은 일탈을 범하며 컸다. 다만 운이 좋고 좀 더 약았던 우리는 안 걸리고 운이 억세게 없고 좀 덜 약은 우리 아이들은 걸렸던 것뿐이다. 아이들의 일탈도 기능이 있다. 삶의 상흔에 새살이 돋으며 아이들은 그렇게 성장한다. 아버지들이여, 아이들에게 훈육이나 칭찬만 필요하다고 생각하는가? 아이들에게도 그들만의 시간이 필요하고 장난기가 용솟아 아버지 담배를 입에 물 일탈의 시간도 필요하다. 아버지들이여, 아이들에게 일탈을 꿈꾸게도 하자. 그래야 사람이다. 평생 아이로, 평생 학생으로 살지 않는다. 아이는 커서 사람이 된다. 추억을 되새기고 남모르는 기억에 찌릿해지는 기억을 가지고 살아간다. 아이가 사람이 되도록 아버지들이여, 가끔 나귀를 타고 장에 가자. 할머니들이여, 아저씨 댁에 가자. 아이들이 발칙한 생각과 놀이를 하도록 하자. 아이들이 노래 부르게 하자. 고추 먹고 맴맴, 담배 먹고 맴맴, 추억으로 맴맴, 기억으로 맴맴!!

아재도 없고 개그도 없는

"인도는 지금 몇 시?"

"인도네시아!"

"세상에서 가장 가난한 왕은?"

"최저임금!"

요즘은 이런 개그가 먹힌다. 1980년대에 유행했던 '참새 시리즈'처럼 유머가 복고를 맞아 이름 하여 아재개그다. 본래 아재는 아저씨의 경상도 사투리였지만, 그 뜻이 시대를 머금으며 소위 '꼰대'가 되기 싫은 중년들의 세대소통을 위한 창조적이고 긍정적인 표상이 되었다. 한때 '부장님개그'로 모든 부서를 얼음세상으로 바꾸었던 천연냉파썰렁개그가 바로 아재개그의 본류라 할 수 있다.

아재개그가 세상에 빛을 보기까지 참 파란만장한 세월이

있었다. 젊은 세대는 중년세대와 섞이기 어렵고, 중년세대는 젊은 세대와 소통해야 하고, 업무와 서열이라는 문지방은 늘 이 세대 사이의 태평양이 되어 세대를 가르고 정서를 갈랐다. 모든 것을 포기해야 한다는 의미의 N포세대가 세상의 모든 시름을 끌어안고 있을 때, 아재들이 무릎을 탁 치며 개그로 다리를 놓았다. 사실 아재개그 1세대는 모두 전사하여 퇴직했고, 그 바통을 이어받은 2세대가 살아남아 새로운 세대와 소통하며 썰렁함을 뜨거움으로 승화시킨 결과 아재개그는 비로소 세상의 빛을 보며 세간에 화두가 될 수 있었다. 비관이 낙관이 되고, 낙관이 소통이 되었다.

알다시피, 비관론자들은 삶이 부조리하다며 경멸, 냉소, 절망을 쏟아놓는다. 반면 낙관론자들은 삶이 부분적으로나 전체적으로 충족될 수 있으니 이만하면 살 만하다고 말하며 희망, 만족, 인정으로 반응한다. 요즘은 비관론자가 많을까, 아니면 낙관론자가 많을까? 요즘처럼 경기가 어려워서야 아무리 열심히 반복 활동을 한다 해도 어떤 성취에 이르기 어렵다고 생각하기 쉬우니 비관론자들이 많다고 할 수 있다. 또 다른 한 면으로 생각해보면, 탁구 한 판 치거나 예쁜 옷을 사거나 이대호가 홈런을 한 방 쳐주면 삶이 어떻거나 간에 바로 인생은 부조리에서 만족으로 이어지니 낙관은 어느 순간에나 나타나는 매우 흔한 반응이기도 하다. 그 흔했던 반응인 개그는 절망이라는 시대 앞에 움츠리고 있었고, 움츠린 시대의 주머니에서 아재들이 용기를 내어 세상에 마법의 가루를 뿌린 셈이다.

우리를 일으키는 힘은 젊음에서 나오는 줄 알았는데, 이번 어벤저스팀은 아재들이다. 이들은 아직도 아들, 남편, 아빠의 이름으로 살아가며, 과장님, 팀장님, 부장님, 전무님, 이사님이라는 명함으로 생계를 담당한다. 이들의 놀라운 생존력은 과거 부장님개그가 세상을 얼리는 순간에도 혼자 당당히 살아남아 사회생활의 교과서로서 역할을 다하고 있다. 절반의 강제라 하더라도 썰렁함의 캐릭터가 되어 자신을 희생하며 험한 직장에 다리가 된 아재들은 참으로 기특하다.

다만, 참으로 이해하기 어려운 것이 있다. 세대를 잇고, 직급을 이어내는 능력을 가진 아재들이 집에만 가면 돌연 약세를 보인다는 점이다. 심지어 아재개그는 집에서는 절대 먹히지 않으며, 아재개그가 나오는 날에는 집에서 눈칫밥을 먹기 일쑤이다. 같은 개그가 왜 직장에서는 먹히고, 가정에 들어오면 잼뱅이가 되는 걸까? 직장에서는 맞고 집에서는 틀린 것인가?

아니다. 직장에서도 맞고 가정에서도 맞다. 다만, 직장에는 통하고 가정에는 통하지 않는 정서가 하나 있기에 현관문을 열고 들어오면 아재개그가 힘을 잃는 것일 뿐이다. 바로 권력의 정서이다. 으르렁대던 부장님, 과장님, 팀장님이 집에만 들어오시면 낑낑 대며 달려오는 60킬로그램이 넘는 딸을 끌어안고, 자신보다 더 키가 큰 아들의 어깨를 부딪치고, 엉덩이가 조선 반만 한 아내를 끌어안는다. 진정 으르렁대던 부장님은 다 큰 아이들 앞에서 요즘 아이돌 그룹 엑소의 〈으르렁〉을 부른다. 이미 뜨끈한 이 자리에 아재개그는 필요가 없다. 굳이 녹여야 할 의지도, 연결해야 할 세대도 없이 이미 촛농처럼 녹아진 아빠의 이름, 남편의 이름은 이미 온도가 된다.

아재개그는 피나는 노력으로 만들어진 세대의 다리이다. 아재가 개그를 하지 않아도 되는 곳, 개그 없이도 마음과 가슴이 통하는 곳, 그곳이 바로 아재의 쉼터이자 아재의 피난처인 가정이다. 아빠를 맞아주는 곳, 남편을 반기는 곳에서는 사랑이 다리가 되고, 그리움이 품이 된다. "아재요, 이리 오시소, 여서 쉬소. 여기는 쉬어도 됩니더! 여보, 어서 오이소! 아빠~ 자랑스럽습니더!"

아버지도 사랑받고 싶다

집 나간 아들이 다시 돌아왔다. 아버지는 뛰어나와 누더기에 머리도 다 빠져버린 듯한 아들을 선 채 끌어안는다. 아들은 머리를 아버지의 배에 기대고 있고, 아버지는 나이 먹은 얼굴보다 훨씬 젊어 보이는 두 손을 아들의 등과 어깨에 얹었다. 아들의 신발 한 짝은 이미 벗겨지고 다른 한쪽은 뒤꿈치가 슬쩍 보여 이제 금방이라도 집으로 뛰어 들어갈 듯하다. 아버지와 아들의 재회 장면을 담고 있는 렘브란트의 〈돌아온 탕자〉 이야기다.

우리 머릿속 그림을 끄집어내보자. 오랜 고생 끝에 돌아온 아들이 온다는 소식에 아버지는 신발을 벗고 뛰어나가 아들을 얼싸안고 울고, 아들은 참회의 눈물을 흘리며 아버지와 눈물겨운 재회를 한다. 사실 그게 우리가 알고 있는 돌아온 아들을 반기는 아버지, 그리고 돌아온 아들의 모습이다. 그러나 이 그림은 이야기를 뒤집는다.

자세히 보라. 늙어 보이는 아들의 머리와 젊어 보이는 아버지의 손이 보이는가? 본래 인간의 노화과정에 기초하자면 아들이 젊어야 하고 아버지의 손은 주름져야 한다. 그러나 그림은 그렇지 않다. 또 하나 집에 온 기쁨에 신발을 벗은 아들과 아직 신발을 신고 있는 아버지가 보이는가? 반가운 아버지가 신발을 벗고 뛰어나오는 것이라야 생각의 관례에 맞겠지만, 정작 신발을 벗는 기쁨은 아들의 것이었다. 다른 하나, 유난히 밝게 처리된 아버지의 얼굴과 밝게 처리된 아들의 등허리가 대비되는 것이 보이는가? 청춘홍안의 젊은 아들의 빛나야 할 얼굴은 어두운 대신, 노구의 아버지 얼굴은 해처럼 빛난다. 심장을 담고 있는 등이 빛나야 할 사람은 아버지일 텐데, 등이 빛나는 건 아들이다. 참으로 재미있다. 아버지는 아들 같고 아들은 아버지 같다. 마치 아버지에게 안기는 아들이 아버지인 것 같지 않은가? 아버지 같은 아들과 아들 같은 아버지, 이 역전된 정서 속에 무엇이 들어 있는 걸까?

우리의 관례적 상상이 어긋나서 불쾌한가? 적어도 그림 속에서 이 눈물겨운 장면을 바라보고 있는 사람들은 그러하다. 싫지만 어쩔 수 없다는 표정으로 서 있는 불편해 보이는 자는 장남, 곧 탕자의 형인 듯하다. 큰아들은 뭐가 그리 싫은 걸까? 집

렘브란트. 〈돌아온 탕자〉.
1669. 캔버스에 유화. 262×206cm. The Hermitage, St. Petersbur, Russia.

나가서 재산 탕진하고 거지꼴을 하고 나타나 명색이 가족이라고 염치없이 찾아온 동생이 못마땅해서일까? 아니면 가족의 재산과 명예를 훼손한 아들을 끌어안고, 심지어 팔뚝에 전에 없이 장신구를 착용하고 붉은색 홍포를 입고 동생을 맞아들이는 아버지가 실망스러운 걸까?

뒷모습을 보이는 탕자 말고, 얼굴이 보이는 아버지와 큰아들의 얼굴을 보자. 아버지의 표정은 기쁘기보다는 담담하다. 큰아들의 표정은 뭘 먹었는지 떫은 표정이다. 적어도 하나는 알 수 있겠다. 큰아들은 자신의 마음을 몰라주는 아버지가 야속할 것이다. 동생 탕자처럼 제대로 한 번 놀아보지도 못하고 성실하게 황소처럼 아버지의 아들로 살며 일만 했는데, 뜨거운 포옹은 동생의 몫이 되었다. 큰아들은 생각했을 것이다. 저 자리에 있어야 할 사람은 나다. 아버지의 사랑을 받아야 하는 자는 나인데, 공로도 없고 오히려 맹추 같은 동생이 아버지의 품에 안겨 있다고 생각하면 그 심정이란 것이 불편 이상이다. 아버지의 펼쳐진 밝은 손과 큰아들의 모아지고 어둡게 처리된 손을 보라.

이제 아버지를 보라. 수염만 빼면 새아버지인가 싶을 정도로 젊은 얼굴에, 돌아온 아들이 반가워서 어쩔 줄 모르는 것이 아니라 놀랄 만큼 덤덤하다. 집 나간 아들이 돌아오기만을 기다리던 아버지의 얼굴은 마치 안겨 있는 아들처럼 안심한 얼굴이다. 사람이 바뀌었다. 빛을 따라 해석해보면 아버지가 빛날 부분이 빛나는 아들, 그리고 아들이 빛나야 할 부분이 빛나는 아버지가 보일 것이다. 아들의 심장과 신발이 빛난다. 이는 아버지의 심정이었다. 아버지의 얼굴과 젊은 손이 빛난다. 이는 아들의 몸처럼 보인다. 어쩌면 정작 안겨 있는 것은 아버지가 아니었을까?

이 그림은 〈돌아온 탕자〉가 아니다. 적어도 내 눈에는 〈사랑받고 싶은 아버지〉이다. 그리고 아버지의 사랑을 받고 싶은 또 다른 1인 큰아들의 〈나도 사랑받고 싶다〉도 가능할 것이다. 안겨 있는 아버지 같은 아들, 안고 있는 아들 같은 아버지, 보고 있는 작은아들 같은 큰아들을 보라. 모두 시선과 색을 통해 사랑의 술래잡기를 하고 있다. 이 그림은 볼 때마다 간절하다. 아들이 아니라 아버지의 심정이 보이기 때문이다. 아들이 된 아버지가 아버지가 된 아들에게 안기고 싶은 이유는 하나다. 아버지도 사랑받고 싶다.

아버지도 아버지가 그립다

TV 예능프로그램 중 〈무한도전〉을 모르는 이는 없을 것이다. 잘생긴 출연자 하나 없이 이런 장수와 인기를 누릴 프로그램이 전무후무하지 않을까 싶다. 이 〈무한도전〉도 세월 앞에서는 맥을 못 추는구나 싶던 요즘, 〈토토가〉로 다시 20%의 시청률 고지를 기록했다. 요즘 시청률 10% 넘기 어려운 이 예능 불경기에 쾌거 중 쾌거라 할 것이다. 과거 1990년대 인기 프로그램 〈토요일 토요일은 즐거워〉와 최근 방영되어 선풍적인 인기를 끌었던 〈나는 가수다〉를 합쳐 탄생한 〈토토가〉는 복고의 힘을 여지없이 보여주고 있다. 완전체가 된 터보의 꺾기춤을 다시 볼 수 있었고, 1990년대 요정 SES의 약간은 무거워진 귀여운 몸짓을 볼 수 있었다. 김현정이 나왔을 때는 방청객과 시청자가 다 같이 "다 돌려놔~"에서 함께 팔을 올려 돌리고 또 돌렸다. 20년 전

심장이 다시 뛰고 순간 뭉클하며 눈가가 촉촉해졌다. 우리는 젊고 좋았던 추억의 시절을 그리워하며 같이 뛰고 같이 돌리고 같이 불렀다. 허망하지도 않고 부끄럽지도 않은 것은 그리움과 기억을 함께 공유하기 때문이다.

복고가 추억을 파는 상품이라지만 추억을 파는 부분에서 어디 영화만 하겠는가? 최근 〈국제시장〉이 전 세대의 가슴에 파고들며 흥남부두에서 최근 이슈가 된 광운대교까지 남과 북을, 그리고 노인과 청년을, 그리고 과거와 현재를 눈물과 공감으로 잇고 있다. 7080에게는 흥남부두와 영도다리, '기브 미 쪼꼬렛', 슈샤인보이를 기억하게 하고, 5060에게는 월남전과 KBS 광장 가득했던 이산가족 찾기 현장을 기억하게 했다. 3040에게는 말로만 들었던 7080 아버지의 이야기와 5060 선배 세대들의 허풍이 실제 역사였다는 것을 알게 했고, 1020에게는 사회책과 역사책에서 보던 한국전쟁이 임진왜란 직후에 일어난 일이 아니라 불과 얼마 전 이야기라는 것, 그리고 그것이 내 아버지의 기억과 내 할아버지의 개인사 속에 일어난 일이라는 것을 알게 해주었다.

주인공 아버지는 맏이로 태어나 채 일곱 살이 되지도 않아 '가장'이 되어 구두닦이를 하며 '기브 미 쪼꼬렛'을 외쳐 얻은 미제 초콜릿을 동생에게 먹이고, 동생 뒷바라지를 위해 학업을 포기하고 고등어 상자를 만들었다. 서울대를 간 남동생의 등록금을 마련하기 위해 없는 애국심까지 다 짜내어 독일탄광에 목숨을 내맡기고 그곳에서 만난 간호사와 사랑에 빠져 결혼을 하고, 여동생의 결혼자금을 위해 월남전에 참전한다. 가련한 고모의 삶을 생각하며 낡고 비전 없는 가게를 인수하고, 결국 일곱 살 동생을 지키지 못해 죄책감에 울던 아이는 가고 고집불통에 앞뒤 꽉 막힌 노인만 남는다. 우리나라의 역사와 함께 흘러간 청춘, 억울한 과거, 힘든 생활, 그럼에도 씩씩하고 꿋꿋하고 뭐든 할 수 있을 것 같았던 아버지에게는 2015년 지금 '절뚝이는 다리'와 '늙은 몸'만 남아 있다.

지금 〈토토가〉를 보고 흥분하는 4050 아버지들은 〈국제시장〉을 보며 자신의 7080 '아버지'를 보았다. 결코 말하지 않았던, 혹은 채 말하지 못했던 아버지를 보았다. 이 영화가 아버지의 고생의 역사를 보여주며 눈물짓게 하는가? 아니다. 누군가는 싸구려 감성을 동원한 뻔한 영화라고도 하지만, 난 이 영화가 참 좋다. 고생으로 얼룩진 인생의 승리라서가 아니라 가장 인간다운 아버지를 보여주기 때문이다. 내가 본 이 영화의 핵심은 '고생'이라는 과정에 있기보다는 영화의 가장 마지막에 있다.

〈국제시장〉의 마지막 장면에는 노구가 된 주인공이 자신의 아버지가 마지막으로 남긴 낡은 웃옷을 끌어안고 울고 있다. 그리고 바로 그 옆방에서는 뜻도 모른 채 “눈보라가 휘날리는 바람찬 흥남부두에……”를 부르는 대여섯 살 먹은 손녀와 그 아이의 노랫소리에 박수를 치며 웃고 있는 젊은 자녀세대가 있다. 자신이 청춘을 바쳐 일군 자녀들의 방 바로 옆에서, 아버지는 자신의 아버지를 그리워하며 흐느낀다. 일곱 살 놓쳐버린 아버지를 그리워하며 흐느낀다. 아버지도 아버지가 그립다!

아버지여, 상상하라

《이솝우화》에서 토끼는 늘 영리하고 여우는 늘 실패했다. 꾀를 쓰는 듯하지만 거북에게 이내 선두를 내어주고 영원한 패자로 남았으나 토끼는 지금도 달나라에서 절구질을 하며 방앗간을 운영 중이다. 늘 동물의 왕이 되고 싶어 했던 여우는 지금도 포도밭을 어슬렁거리며 이 포도는 실 거라며 입맛을 다시는 중이다. 우리가 아는 토끼는 이제 《이솝우화》를 거쳐 삶 속에 들어와 아버지의 마음을 콩콩 찧는 아이들이 되고, 우리의 여우는 남편의 마음을 매만지는 아내가 되어 가정 속에 살아남았다……고 말하고 싶을 거다.

그러나 요즘 토끼는 켄터키 후라이드 치킨을 먹고, 요즘 여우는 애완용이 되어 개보다 더 주인의 뺨을 잘 핥는다. 세상이 달라지다 보니 초식동물도 육식을 하고, 맹수도 손바닥에서 뒹

구는 날이 왔다. 세대가 변한 것인지, 세상이 변한 것인지 알 수 없으나, 과거를 토대로 했던 예측의 시대는 끝이 났다. 알파고가 바둑의 제왕이 되고, 중국 부자의 비서 9명은 모두 로봇인 세상에서 더 이상《이솝우화》는 유효하지 않다.

토끼와 여우가 있던《이솝우화》의 왕인 사자와 호랑이는 어떻게 되었는지 참으로 궁금하지 않은가? 지금 사자와 호랑이를 만나고 싶거든 동물원으로 가라. 굵고 절대 이빨로는 끊어낼 수 없는 강력한 철창 안에서 맹수의 호기를 포기한 채 던져주는 닭고기에 기뻐하고 있다. 조련사의 징한 조련 때문었는지, 너무 오래 숲을 떠나 있어서인지 포식자의 본능은 고기 두어 근에 팔아먹은 지 오래다. 그렇지 않은가, 아버지들이여!

20대 호기 넘치던 청년이 세월과 생계의 철창 속에서 머리밑이 희끗해지기 시작하면 이내 순종을 배운다. 누가 뭐라 하지 않아도 적은 월급에 연연하게 되고, 상사에게는 무한굴종을 익히게 된다. 조직사회에서 배운 숱한 기술들은 사회 곳곳에서 요긴하게 사용되니 남자들의 철창은 곧 사회의 울타리로 넓어진다. 그들도 한때는 숲의 제왕을 꿈꾸고, 초원의 포효를 뿜어낼 거라 생각했을 것이다. 그러나 현실은 사자와 호랑이가 아니라 개와 고양이와 유사하다고 할까. 이런 세상이 올 거라고는 상상도 하지 못했다. 그러나 만일 사자와 호랑이가 다시 초원으로,

또다시 숲으로 돌아간다면 어떨까? 산을 쩌렁거리는 소리에 삼라만상이 벌벌 떨 텐데, 초원을 가르는 속도에 태양도 숨을 기세일 텐데, 이들은 왜 자신의 자리로 돌아가지 못하는 걸까? 아직도 길게 뻗어 있는 철창이 그 이유일 것이다.

그러나 갇힌 자는 늘 상상한다. 그리고 상상은 현실을 꿈으로 이어준다. 남자들의 꿈은 무엇인가? 포효하는 초원, 가장 큰 힘을 보여줄 수 있는 자리이다. 그리고 아빠의 꿈, 남편의 꿈은 가정의 숲, 집이라는 초원 속에서의 포효일 것이다. 사냥의 결과물을 들고 초원의 식구들을 먹일 꿈, 그리고 배부른 새끼들의 놀이를 보는 사랑의 포효 말이다. 가정을 가진 남자의 상상으로 가족은 다시 우화 속으로 들어간다. 가장 믿음직한 사자의 포효를 듣고 아내는 다시 여우가 되고, 아이들은 다시 토끼가 된다. 사랑스러운 남자의 힘찬 포부에 아내는 여우 같은 아내로, 아이들은 토끼 같은 자식들로 되살아난다. 가장의 뜨거운 포효로 사자, 여우, 토끼라는 결코 묶일 수 없는 세 종(種)은 가족이라는 유대의 끈으로 강하게 묶인다.

사자는 죽어도 사자이고, 호랑이는 죽어도 호랑이다. 현실이라는 철창 속에 갇혀 살아도 집에 돌아오면 다시 그들만의 초원이 시작된다. 사랑의 상상으로 여우는 여우의 자태를 갖추고, 토끼는 먹던 치킨을 내려놓는다. 초원을 달음질하던 사자의 포효는 여우와 토끼를 향한 사랑의 고백이 되어 현실을 상상으로 바꾼다. 가장 꿈꾸게 하는 상상이 바로 우리가 실현하고자 하는 현실이다. 우화가 사라진 세상, 신화가 설 자리를 잃은 테크놀로지 세상, 조직사회의 톱니바퀴 속 부품으로 살아가는 세상이라지만, 아버지들이여, 꿈을 꾸자! 상상하자!

잔소리를 쏟아내어도 아내는 남편의 상상 속으로 이내 들어오고, 궁시렁거려도 아이들은 이내 아버지의 상상에 멜로디를 넣는다. 주는 닭고기 먹으면 어떠냐, 철창을 물어 뜯다가 이빨 두어 대 나가면 어떠냐, 내게는 아직도 털이 뽀얀 아이들이 있고, 아직도 나에게는 새삼스레 사랑스러운 아내가 있다. 가장 차가운 현실 속에 있는 가장들이여, 가장 뜨거운 꿈을 꾸자. 우화는 결코 홀로 그리는 모노드라마가 아니다. 마지막까지 손잡아줄 아내가 있고, 함께 비바람을 뚫고 나갈 아이들이 있다. 아버지로, 그리고 남편으로 살아가는 삶의 포효를 기억하자. 그 포효가 아내의 꿈이 되고, 아이들의 꿈이 될 것이다. 그러고는 곧 남편에 대한 사랑으로, 아버지에 대한 존경으로 이어질 것이다. 상상이 고백이 되는 순간, 우리는 더 큰 포효를 위한 또 다른 이야기를 시작하게 될 것이다. 아버지들이여, 상상하자! 매일 포효하자!

250감!

이 글의 제목을 어떻게 읽었는가? 이백오십감? 이십오공감? 이오공감? 이제 EXID를 읽어보라. 왕년에 영어 좀 했다는 아버지는 '엑시드'라고 읽을 것이다. 답은 '땡~~!'이다. '엑시드'라고 읽었다가는 아이들에게 '무식하다'는 핀잔만 돌아오게 될 것이다. EXID는 '이엑스아이디'라고 읽는 것이 맞다. 이 친구들이 요즘 그렇게 핫하다는 "위, 아래, 위, 위, 아래, 아래~~"를 부르며 국민언니가 되고 있는 여성아이돌 그룹이다. 언제부터 '25'를 '이오'로, 'EXID'를 '이엑스아이디'로 읽었는가? 사실 'HOT'를 '핫'이라고 읽지 않고 '에이치오티' 아니 '에치오티'라고 연호(聯戶)해본 세대를 넘어서 있다면 늘 '엉뚱한 읽기'를 하기 마련이다.

요즘은 바야흐로 '이과시대'라 수(數)에 능한 자가 직업도 잘

얻고 결혼도 잘하는 시대가 되었다. 다만 흥미로운 건 부모들마다 수학몰입교육에 온몸을 불사르며 학원비와 과외비를 벌어대느라 사력을 다하지만, 놀랍게도 정작 부모는 숫자치라는 점이다. 아이들이 '이'라고 쓴 것을 '오'라고 듣고 굳이 '이해'를 '오해'로 읽기 때문이다. '2'와 '5'를 못 읽는 것인지 안 읽는 것인지 잘못 읽는 것인지! 못 읽는다면 문맹이요, 안 읽는 것이라면 무관심이요, 잘못 읽는 것이라면 안타까움이다.

최근 이삼십 년 동안 가정에서 아버지는 '섬'이었고, 현재는 이 섬이 한 줄로 서면 '열도'요, 무리를 이루면 '군도'를 이룬다. 쏟아지는 정보사회에 미처 대응하지 못하고 아날로그식 발상과 '잘못 읽기'로 일관하는 부모들은 이미 집안에서 나란한 두 개의 섬 '열도' 이거나 '군도'가 되었다. 호모 에렉투스와 네안데르탈인이 닮아 보여도 서로 완전히 다르듯, 문명이 다르면 부모자식 간에도 서로 다른 뇌를 갖기 마련이다. 새로운 뇌, 그 눈을 가진 아이들에게 EXID도 제대로 못 읽는 부모는 유물 같지도 않은 돌덩이 가득한 구석기 박물관처럼 보일 것이다.

이미 21세기 스마트폰에 영혼을 팔아버린 아이들, "어깨 펴라", "고개 들어라", "애비 말이 말 같지 않냐!"며 조언에서 시작하여 20세기식 호통으로 마감하는 아버지, 그리고 그 소용돌이가 언제 끝나고 어떻게 끝날지 이미 알고 있다는 듯 물끄러미

쳐다보기만 하는 어머니. 우리는 모두 매우 가까운 곳에 위치하나 서로 동떨어진 섬이고, 그 섬들마다 관심과 사랑과 인내가 있다지만 도무지 그 접점은 찾을 길이 없다.

문제를 알아야 해답이 보인다고들 한다. 세대차이를 풀어내야 하는 이 문제의 속성은 두 가지이다. 머리로 푸는 문제가 있고 가슴으로 푸는 문제가 있다. 많은 부모들이 잊고 있는 바, 자신은 문과 감성시대 아날로그 유선전화 인류이고, 자녀들은 이과 이성시대 디지털 스마트폰 시대의 인류이다. 다른 인류의 다른 문화이니 사실 아이들의 '이해'를 아버지의 '오해'로 읽는 것이 어쩌면 당연하다. 이렇다 보니 부모에게는 낯설기만 한 디지털과 스마트폰 시대의 해법은 부모들의 해법이 될 수 없다.

해법의 정석은 무엇일까? '이해'를 '오해'로 읽는 것이 아니라, 그저 있는 그대로의 것으로 볼 수 있는 방법은 무엇일까? 디지털(digital)과 스마트폰(smart phone) 영어 철자도 헛갈리는 이 감성 아날로그 인류 부모의 문제풀이는 부모세대가 아는 것에서부터 출발해야 한다. 20세기 부모들은 '가슴'으로 문제풀기에 익숙한 문과 아날로그 감성인류이고, 21세기 아이들은 '머리'로 문제풀기에 익숙한 이과 디지털 이성인류 아닌가? 이제 그들의 말이 아니라 우리의 말로 감성 설득을 시작해보자. 이제 아이들에게 "어깨 펴라"고 머리로 말하지 말고 "아버지 좀 안아달라"고 감성언어로 말하자. “고개 들라”는 이성의 명령을 하지 말고 “아버지도 사랑받고 싶다”고 고백의 언어로 말하자. “애비 말이 말 같지 않냐!”고 판단하지 말고 “넌 뭐가 되어도 될 놈”이라고 끌어안아주는 말을 하라.

아이러니하게도 고도의 디지털 기술은 늘 뜨거운 감성을 지향한다. 부모의 고백이 가장 디지털적인 아이들의 기계적인 고개를 가장 뜨거운 감성의 방향으로 움직이게 할 것이다. 마치 뜨거운 열섬 도시 한가운데서 생명의 수분쟁이 꿀벌이 더 왕성히 활동한다는 역설처럼 가장 아날로그적인 ‘고백’이 가장 디지털적인 ‘아이의 시각센서’를 가장 빠르게 부모를 향해 움직이게 할 것이다. 부모들이여, 있는 것으로 문제를 풀어가기 시작하자!

아이들은 모르면 ‘검색’한다. 부모들이여, 모르면 ‘질문’하라. 아이들은 속상하면 ‘패드립’을 치며 무섭게 차가워진다. 부모들이여, 속상하면 아이들 앞에서 뜨겁게 ‘울’기 바란다. 우리가 잘 알고 있고 아이들과의 관계에서 과거에 성공해본 적이 있던 아날로그 세대의 방법이 부모의 오해의 ‘섬’에서 아이들의 이해의 ‘섬’으로 가는 다리가 될 것이다.

용기를 내어 고백하자! 용기를 내어 고백할 때 아이들도 ‘오해’ 없이 부모를 ‘이해’하게 될 것이다. 감성고백은 ‘2’와 ‘5’가 거울을 보며 서로의 모습을 발견하게 하는 렌즈가 될 것이다.

아버지여, 스토리를 시작하라

내 아버지는 이북분이다. 전쟁통에 월남했고, 뭘 했는지 모르겠지만 어찌어찌 엄마를 만나 물 떠놓고 방에서 식을 올리고 이후 줄줄이 4남매가 나왔다. 성장하는 내내 궁금했던 내용이지만, 네 명의 자녀 중 계획에 있던 애는 없었던 것 같다. 새벽에 나갔다가 밤 12시가 다 되어 늘 만취상태로 돌아온 아버지가 내 친아버지는 맞지만, 젊은 아버지의 얼굴은 도무지 생각나질 않는다. 가족이 함께 찍은 사진 한 장 제대로 없는 여섯 식구의 가장인 아버지의 얼굴은 아버지 나이 구십, 그리고 내 나이 오십이 다 되어서야 가까이 앉아 자세히 볼 수 있었다. 병실에 누워 계시고서야 아버지 얼굴이 보였다.

젊어서는 직장일로, 나이 들어서는 농사일로 바쁘다며 딸 생일은 고사하고 다른 아버지 다 오는 졸업식 입학식 한 번 안

오고, 무슨 놈의 개 사료 오리 사료 주고 하우스 문 열고 닫아야 한다고 서울 딸네 집에 오지도 않으시던 아버지는 아프고 나서야 서울에 오시고 딸을 만나셨다.

아버지가 바쁘지 않으니 누워 주무시는데도 꼭 돌아가신 듯 겁이나 코에 살짝 손을 갖다 대니, 아버지가 말씀하신다. "야, 나 아직 안 죽었다! 고저 사람이란 게 그케 쉽게 안 죽는다, 알간! 물 좀 달라!" 물을 한 잔 드시더니 아버지는 갑자기 북에서 다니던 국민학교 시절 얘기며 돌아가셨을 할머니 얘기를 시작하셨다. 할머니가 지금으로 치면 키가 170cm 정도로 컸다는 것, 형제들의 자세한 특성들, 초 · 중 · 고등학교에서 있었던 이야기 등 5시간이 넘는 이야기가 시작되었다. 아버지가 세계여행을 꿈꾸었다는 것, 엄마를 보쌈 하듯 데려왔다는 것, 내 위로 언니가 죽고 내가 그 목숨값으로 태어났다는 것 등 평생 처음 듣는 이야기들이었다.

아버지의 이야기를 들으며 알게 된 것은 이렇다. 아버지도 사람이구나, 아버지도 역사가 있구나, 아버지가 미안해하는구나, 나를 기억하고 사랑하는구나, 아버지의 남은 소망이 우리에게 짐이 되지 않는 것이구나. 잘못할 때마다 매를 들고 홀딱 벗겨 쫓아내 온 동네 아이들이 나를 보게 했던 그 매정하고 잔인한 아버지의 역사는 90년 세월 다 되어 병원에 누운 채 시작되었다. 좀 더 일찍이었다면 아버지에게 더 빨리 다가갈 수 있었을 텐데, 최소한의 자식 노릇이 아니라 기쁨의 포옹을 이어갔을 텐데, 그리고 나도 아버지에게 사랑했노라 더 일찍 고백했을 텐데 말이다.

화해를 바라는 아버지들이여, 회복을 바라는 아버지들이여! 가족에게 다가가기 위해 누구도 모를 수많은 기술과 도전을 했을 것이다. 대화도 실패하고 선물도 의미 없었을 지난 노력 앞에 다시금 고개가 숙어진다면, 이제 고개를 들고 입을 열어 새로운 고백을 시작하자. 나이 들어가는 아이들 앞에서 늙은 아버지의 이야기를 시작하자.

인간은 이야기로 시작하고 이야기로 기억된다. 아버지가 이야기를 시작해야 별로 내세울 것 없다고 생각했던 이야기에서 아이들은 근원을 발견하고 아버지의 사람 냄새를 맡기 시작한다. 소소한 아버지의 이야기는 삶의 고백이자, 사랑의 역사이고, 아이들과 함께 일군 생애역사이다. 아버지의 이야기 속에 들어 있는 아이들에 대한 기억으로 자녀들은 아버지의 역사 속으로 한 걸음씩 걸어 들어간다. 아버지의 이야기가 시작되어야 아이들도 말문을 열고 질문을 시작한다. 이야기가 시작될 때 아버지와 아이들은 각자의 삶 속에 서로를 나무 심듯 심어간다. 싹이 나고 잎이 무성해지고 열매가 맺히면서 아이들은 아버지의 기억 열매 속에서 시원함과 충족감을 경험한다. 고마움과 미안함의 고백은 모두 이야기 속에 있다. 그리고 그 이야기로부터 화해는 시작된다. 이해가 되어야 화해도 된다.

그러니 이제 화해를 원하는 아버지들이여, 선택하자. 그 소소하고 의미 없다고 생각했던 나의 이야기, 내 아이들의 근원인 나의 이야기를 시작하자. 가장 시시하지만 가장 값지게 들을 아이들에게 근원의 소리가 들리기 시작하면서 비로소 가족의 화해는 시작될 것이다!